사도시마 요헤이(佐渡島庸平)

관찰하는 사람. 콘텐츠 제작·배급사이자 작가 에이전시인
주식회사 코르크의 대표이자 편집자.
1979년에 태어나 중학교 시절을 남아프리카공화국에서 보냈다.
2002년에 도쿄대 문학부를 졸업한 후 고단샤에 입사해『모닝』
편집부에서 이노우에 다케히코의『배가본드』, 안노 모요코의
『사쿠란』, 미타 노리후사의『드래곤 사쿠라』를 편집했다.
만화 외에도 이사카 고타로의『모던 타임스』, 히라노 게이치로의
『공백을 채워라』등 소설도 편집했으며 코야마 추야의 만화
『우주형제』의 TV 애니메이션화와 영화 실사화 작업에도 참여했다.
고단샤를 퇴사한 후, 창작자 에이전트 회사 코르크를 창업해
『우주형제』,『인베스터Z』,『텐프리즘』,『마티네의 끝에서』,
『본심』(本心) 등 작가와 작품을 관리했다. 지금은 신인 만화가들과
세로 스크롤로 읽히는 만화 제작에 몰두하고 있다. 쓴 책으로는
『당신의 가설이 세상을 바꾼다』가 있다.

구수영

일본어 전문 번역가. 옮긴 책으로『단단한 지식』,『호박의 여름』,
『대인기피증이지만 탐정입니다』,『쓰고 싶은 사람을 위한
미스터리 입문』,『나비처럼 읽고 벌처럼 쓴다』,『미치지 않고서야』,
『디자인, 이렇게 하면 되나요?』등이 있다.

관찰력 기르는 법

관찰력 기르는 법

같은 것을 달리 보이게,
보이지 않는 것을 보이게

사도시마 요헤이 지음

구수영 옮김

일러두기

1   각주는 모두 옮긴이주입니다.
2   본문에 수록된 만화는 오른쪽에서 왼쪽 방향으로 읽어야 합니다.

들어가며

나는 예전부터 자주 몽상하곤 한다. 나와 완전히 똑같은 능력을 지닌, 2천 년쯤 전의 시대를 사는 청년을. 나도 피라미드를 만들 수 있었을까? 지동설 발견은? 1년을 365일이라고 정하는 것은? 전국 지도를 만들 수는 있었을까? 어느 한 가지도 내가 이룰 수 있을 것 같지 않다. 이런 업적을 이룬 사람들이 살던 시대에는 인터넷도 없었고 당연히 검색도 불가능했다. 설령 인터넷이라는 무기가 있었다한들 내가 그들이 성취한 것을 이뤄 낼 수 있었을까. 그들과 나를 가르는 것은 뭘까. 엄청난 간극에 아찔할 지경이었다.

　코로나19 사태 와중에 나는 도쿄를 떠나 후쿠오카로 이주했다. 아이작 뉴턴도 1665년, 페스트가 맹위를 떨치던 런던을 떠나 고향인 영국 동부 울즈소프로 이주했었다. 그리고 불과 18개월 만에 광학 분야에서 중요한 발견을 했고,

미적분의 기초를 생각해 냈으며, '만유인력의 법칙'의 실마리를 떠올렸다. 그나 나나 이주한 것은 마찬가지인데 기막힐 정도의 차이다. 나는 음식 정보 사이트에서 맛집 검색만 필사적으로 하고 있는데. 애초에 나와 뉴턴을 비교하는 자체가 오만이겠지만, 우리 사이에 결정적인 차이를 만든 것은 무엇일까? 어느 쪽이건 기껏 해 봐야 인간이니 사소한 차이에서 비롯된 큰 격차일 테다. 나는 그것을 '관찰력'의 차이라고 생각하게 됐다.

나는 2015년에 『당신의 가설이 세상을 바꾼다』라는 책을 출간했다. 그 책에서 세운 가설은 거의 실현되지 않았다. 가설과 검증의 질이 부족했기 때문일 테지만, 그 큰 원인 역시 '관찰력'에 있으리라. 속설에 따르면 뉴턴은 사과나무를 관찰하다가 '만유인력의 법칙'을 발견했다고 한다. '사과가 나무에서 떨어진다'를 '만유인력의 법칙'으로 연결하려면 커다란 비약이 필요하기에 누군가 나중에 지어낸 이야기라고 생각하는 사람도 많을 테다. 하지만 나는 이것이 지어낸 이야기가 아니라고 믿는다. '왜 사과가 나무에서 떨어졌을까'라는 극히 평범한 물음을 세기의 발견으로 이끄는 힘, 그것이 관찰력 아닐까.

나는 창작자를 발굴하고 육성하는 일을 하기에 "좋은 창작자의 조건은 무엇인가요?"라는 질문을 자주 받는데, 그때마다 "관찰력입니다"라고 답한다. 인생은 길다. 인풋의 질이 좋으면 최종적으로 아웃풋의 질도 좋아진다. 그때 인풋의 질을 높이는 것이 바로 '관찰력'이다. 나는 관찰력이 중요하다고 생각한다. 그래서 주변에도 관찰력을 기르라고 조언하곤 하는데, 그러다 문득 관찰력이 뭐지? 하고 자문하게 되었다. 하지만 확실히 답할 수 없었다. '차분히 보고 깨달음을 얻고 생각하는 것' 정도의 답밖에 생각나지 않았다. 하물며 어떻게 관찰력을 기르면 좋을지, 그러기 위해서는 무엇을 해야 할지, 하는 물음엔 말할 것도 없이 답이 떠오르지 않았다.

우리가 변하기 위해 가장 필요한 개념을 나는 어렴풋하게만 이해하고 있을 뿐이었다. 그런 사실에 놀라 관찰이란 무엇인가, 새삼 생각하기 시작했다. 애초에 관찰이란 불교에서 온 용어다. 과학이란 관찰의 역사이기도 하다. 철학자들도 관찰에 대해 끊임없이 질문해 왔다. 그러나 그런 관찰에 관한 기존의 지식을 완벽히 파악하고 이 책을 쓰지는 못했다. 그저 내가 창작자와 함께 더 나은 창작을 하려면 어떤 관찰이 필요한지 틈나는 대로 사색한 내용을 정리했을 뿐이다. 체계적으로 정리한 것은 아니어서 학술적으로 관찰에 관해 알고 싶은 사람은 부족하다고 느낄지도 모른다. 하지만 나처럼 관찰력을 기르고자 하는 사람에게 힌트를 줄 수는 있으리라 믿는다. 그럼, 떨어지는 사과를 보고 만유인력을 깨달을 법한 관찰력을 몸에 익히는 것을 목표로 관찰에 관한 여행을 시작해 보자.

제1장

관찰력이란 무엇인가?

:

관찰을 둘러싼

여행으로의 초대

'관찰력'이야말로
도미노의 첫 블록

시간은 유한하기에 우리가 습득할 수 있는 지식은 한정된다. 무엇을 습득하면 장기간에 걸쳐 광범위하게 영향을 끼칠까. 도미노의 첫 블록이 되는 것은 무엇일까. 가장 응용력이 뛰어난 능력을 길러야 한다.

내가 편집한 수험 만화 『드래곤 사쿠라』*에는 도쿄대학 합격을 위한 도미노의 첫 블록은 계산력과 독해력을 비롯한 기초학력이라는 주장이 나온다. 그렇다면 경영이나 창작에 도움이 되는 능력은 무엇일까 생각했을 때 내가 직감적으로 떠올린 것이 바로 '관찰력'이다. 관찰력을 기르면 필연적으로 다른 능력도 길러진다. 하지만 다른 능력을 기

---

* 한국에서는 『최강입시전설 꼴찌, 동경대 가다!』라는 제목으로 첫 번째 시리즈가 출간됐다. 드라마 『공부의 신』원작이기도 하다. 이 책에서 국내판 제목을 사용하지 않은 것은 이후 『드래곤 사쿠라』의 두 번째 시리즈를 일부 인용하기 때문이다. 두 번째 시리즈는 국내에 번역 출간되지 않았다. 『드래곤 사쿠라』를 원제대로 읽으면 '드래곤 자쿠라'(도라곤자쿠라)인데, 국내 정식 방영된 드라마 제목 등에서 '드래곤 사쿠라'로 통용했으므로 이에 따랐다.

른다고 해서 관찰력도 그에 발맞춰 길러지는 것은 아니다. 관찰력이야말로 도미노의 첫 블록임이 분명하다.

관찰력을 기르려면 구체적으로 무엇부터 시작하면 좋을까. 사색을 시작할 때 나는 우선 사전을 펼쳐 단어의 뜻을 알아본다. 관찰이라는 단어의 의미부터 파악해 보는 것이다. 이를 통해 말에 담긴 기운을 찾아보고자 한다. '본다'라는 행위를 나타내는 한자는 18개나 된다고 한다.

見·旿·看·視·診·督·察·睹·監·
覽·瞥·瞰·覯·瞩·観·瞿·瞻·覿

여기에서 관찰력이라는 단어에 쓰이는 察살필 찰이라는 한자를 다른 한자와 조합하면 '시찰'視察, '진찰'診察 같은 단어가 된다. 하지만 '시찰력'이나 '진찰력'은 기르더라도 응용 가능하지는 않을 것 같다. 역시 '관찰력'에 주목하는 편이 좋을 듯싶다. 이렇게 말에 담긴 기운을 찾아 추상적 개념을 이해하는 접근 방식으로 '관찰'에 관한 나의 사색은 시작됐다. 한편 '관찰'의 사전적 의미는 다음과 같다.

관찰かんさつ: 사물의 상태나 변화를 객관적으로 주의 깊게 보고 조직적으로 파악하는 것.

 "객관적으로", "주의 깊게"가 관찰을 특징짓는 표현으로 보인다. "조직적으로 파악하는 것"도 중요하리라. 이 중 '객관적'을 '주관적'으로 바꾸면 '관찰'이 아니라 어떤 단어가 될까? '감상'일까? 만약 '주의 깊게'를 '넓은 시각으로'로 바꾸면 '시찰'이 될지도 모른다. 그렇다면 관찰력이란 '객관적으로 주의 깊게 보는 기술'과 그를 통해 얻은 것을 '조직적으로 파악하는 기술'의 조합이라고 말할 수 있다. 이렇게 요소를 분해해서 살펴보니 이해에 도움이 된다. '객관적으로 주의 깊게 보는 기술'과 '조직적으로 파악하는 기술'로 나눠 살펴보면 단련하는 법을 쉽게 찾을 수 있을 것이다.

 이 책은 '객관적으로 주의 깊게 보는 기술' 쪽에 더 중점을 두고 있다. '조직적으로 파악하는 기술'은 조금 더 세부적으로 사고해 볼 필요가 있다고 느꼈고, 이 책을 쓰면서 명확히 밝혀 보려고 했지만 아직 거기까지 이르지 못했다.

 또 하나, 내가 관찰에 관해 생각하려고 시도한 것이 있다. 바로 만화가 하가 쇼이치羽賀翔一를 관찰하는 것이다. 나는 '관찰'을 이해하려고 하가 쇼이치의 성장을 '관찰'했다. 일반적으로 만화가와 편집자는 많아야 일주일에 한두 번, 한

달에 몇 번 소통하는 관계다. 콘티라고 불리는 초안이나 원고를 사이에 두고, 그것을 공통의 화제로 삼아 미팅을 한다.

코르크*를 창업했을 때, 신인 만화가인 하가 쇼이치와 함께 무엇을 할지 마음속으로 정해 둔 상태였다. 그건 바로 그의 성장을 돕는 일이었다. 그래서 불편함 없이 생활을 꾸릴 수 있도록 고정 월급을 주고, 코르크 사무실에 매일 출근하도록 했다. 그래서 그의 변화를 매일 관찰하며 창작자에게 필요한 것은 무엇인지 가설을 많이 세우고 실행해 볼 수 있었다. 나는 하가 쇼이치의 관찰력을 기른 힘이 하루 한 페이지 만화를 그리는 과제에서 비롯되었음을 직감했다.

[⊙⊙ ⇨]

이 만화는 「사기꾼 소년」インチキ君이라는 작품으로, 하가 쇼이치의 데뷔작이다. 착실한 소년에게 붙은 '사기꾼'이란 별명 때문에 소년을 둘러싼 기류는 180도 바뀐다. 사기 같은 건 친 적이 없는데, 사기꾼 소리를 듣는 사기꾼 소년. 이 만화를 계기로 하가 쇼이치와 나의 도전은 시작됐다. 당시 그의 그림 실력이 뛰어나다고는 빈말이라도 하기 어렵다. 하지만 나는 그가 표정을 그리는 방식을 보고 만화가에게 필요한 관찰력이 빼어나고, 그림 실력은 갈고닦으면 나아지리라 판단했다. 그러니 그의 관찰력을 더 기르려면 관

---

* コルク, 저자가 2012년에 창업한 작가 에이전시. 작가 발굴 및 관리를 비롯하여 작품 편집, 굿즈 제작, 이벤트 기획 등을 한다.

내가··· 사기꾼 소년···?

하가 쇼이치, 「사기꾼 소년」

찰하는 대상을 바꿔야겠다고 생각했다.

그래서 나는 그에게 하루 한 페이지, 코르크의 직원을 관찰해서 만화를 그리라는 과제를 냈다. 그 과제는 『오늘의 코르크』今日のコルク라는 전자책으로 만들어졌다. 그중 한 장면을 실으니 그림의 표현력을 한번 보기 바란다.

[⊙⊙ ⇨]

우여곡절을 거쳐 하가 쇼이치는 『만화판 그대들 어떻게 살 것인가』漫画 君たちはどう生きるか라는 메가히트작을 발표했다. 지금 그의 과제는 관찰력을 토대로 파악한 것을 어떻게 제때 세상에 계속 꺼내 놓을 수 있을지로 바뀌었다. 관찰력이 단련된 작가에게 좋은 과제를 건네면 스스로 달리기 시작한다.

"반경 5미터 내에서 벌어지는 일을 매일 한 페이지의 만화로 그린다." 이 간단한 과제로 일본을 대표하는 작품을 만들어 내는 데 필요한 관찰력을 길렀다. 어떻게 가능했을까? 하가 쇼이치의 관찰력이 어떤 방식을 거쳐 성장했는지 설명할 수 있다면 관찰력 기르는 법에 재현성을 부여할 수 있다. 나는 이 책을 집필하며 2년 가까이 관찰이란 무엇인지 계속 생각했다. 그리고 지금 관찰에 관한 나름의 가설을 찾았다. 우선 내가 도달한 잠정적인 답은 이렇다.

좋은 관찰은 어떤 주체가 사물에 대한 가설을 가지고 객관적으로 사물을 보면서 가설과 그 사물의 상태 사이의 차이를 깨닫고 가설을 갱신해 나가도록 한다.

반면 나쁜 관찰은 가설과 사물의 상태에 차이가 없다고 느껴 이미 다 알았다는 생각에 가설을 더 이상 갱신하지 않게 한다.

관찰은 물음과 가설의 무한 반복을 빚어내는데, 그 무한 반복 자체가 즐거움이므로 만화를 비롯한 다양한 창작의 원천이 될 수 있다. '관측'觀測은 관측 자체가 목적이지만, '관찰'은 스스로 발견했기에 풀고 싶어지는 '질문'으로 이어져 동기 부여를 한다.

전에 하가 쇼이치를 포함해 스튜디오 코르크 소속 만화가들과 합숙을 한 적이 있는데, 그때의 일을 하가 쇼이치가 만화로 그렸었다. 우연히 이 책에서 전하고 싶은 내용과 부합하고, 나와 하가 쇼이치의 생각이 통했기에 여기에 그 만화를 실었다. 등장인물인 '가키우치'는 코르크의 전 직원으로, 하가 쇼이치의 담당자였다.

옛날 옛적
한 마을에

안 팔리는 만화가
한 명이 살았다.

지퍼는 늘 열린
상태

하가

좀 더 관찰해!
「오늘의 코르크」
어서 그려!

어느 날 그는 악마에
의해 눈이 되어 버린다.

번

악마

쩍

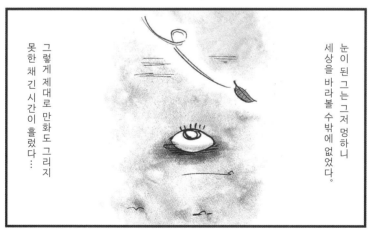

눈이 된 그는 그저 멍하니
세상을 바라볼 수밖에 없었다.

그렇게 제대로 만화도 그리지
못한 채 긴 시간이 흘렀다…

그러던 어느 날

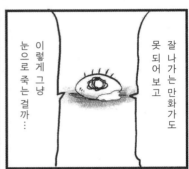

잘 나가는 만화가도 못 되어 보고

이렇게 그냥 눈으로 죽는 걸까…

부ㅡ웅

...

눈에게 변화가 찾아 왔다.

부ㅡ웅

그런데 혹시…

...

가키우치 씨 방금 택시에 탈 때

한 바퀴 돈 거야…?

힐끔

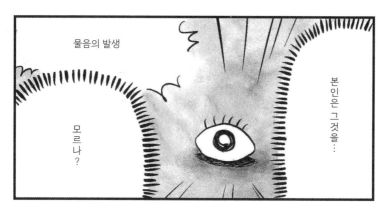

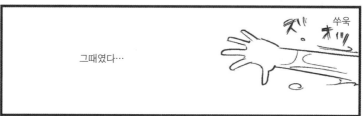

네？안 돌았는데요。

가키우치 씨 방금 왜 한 바퀴 돈 건가요？

발견!

spark!

우왓！역시 그렇네！

아…또 택시에…

나도 같이 타야지！

싹~

그때부터 눈은…

물음의

연속

설마…매번 그러는 걸까…

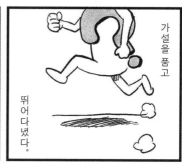

가설을 품고

뛰어다녔다.

빙글빙글

빙글

빙글

우왓!

역시 매번 그러고

있어!

택시 말고도 가키우치 씨 만의 독특한 행동이 더 있을 거야!

가설 빔!

호빵이랑 비슷한 건 편의점 치킨이야.

발견 폭탄 세례

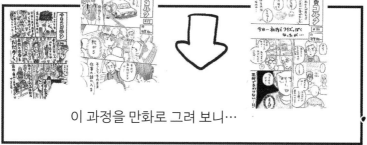

이 과정을 만화로 그려 보니…

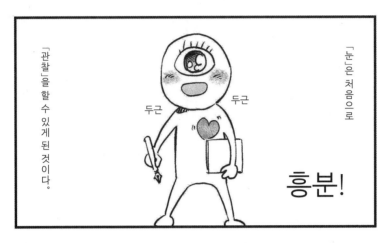

우선 관찰을 방해하는 것이
무엇인지 생각한다

코르크 창업 전, 나는 성공하려면 홈런을 쳐야 한다고 생각했다. 어떻게 하면 120퍼센트의 힘을 발휘할 수 있을까 고민했다. 히트작을 내려면 특별한 무언가가 필요하고, 코르크가 성공하려면 새로운 비즈니스 모델을 떠올려야 한다고 믿었다. 하지만 지금은 생각이 정반대로 바뀌었다. 어떻게 하면 '보통'일 수 있을까 고민한다. '보통'인 상태를 얼마간 유지하면 이따금 특별한 것을 운 좋게 이루기도 한다. 하지만 계속 '보통'으로 있는 것은 정말 어렵다. 당연한 것을 당연하게 꾸준히 행하기란 정말로 어렵다는 것을 매일 느낀다. '관찰'을 둘러싼 사색에 홈런은 필요 없다. '보통'의 사색을 반복해 나감으로써 다다를 수 있다. 관찰을 토대로 한 나의 사색 방법은 우선 단어의 의미를 생각하고 어원을 조사한 후 다른 단어와의 차이를 생각하는 것이었다.

그다음으로 내가 택한 방법은 '나쁜 방법 생각하기' 다. 나쁜 방법을 피할 수 있다면 '보통'인 채로 있을 수 있다. 120퍼센트의 힘을 목표로 삼는 것보다 훨씬 실현하기 쉽다. "어떻게 하면 좋은 관찰을 할 수 있을까"에 너무 집착하지 않는다. 그렇게 끌어낸 생각은 그저 그림의 떡에 불과하기 때문이다. 그렇다면 어떤 것이 나쁜 관찰일까. 우선 관찰을 방해하는 요소를 생각해 봤다. 무엇이 우리를 제대로 관찰하지 못하게 방해할까. 나쁜 관찰을 피하면 언젠가 운 좋게 좋은 관찰을 할 수 있다. 최악을 계속 피할 수만 있다면 계속 살아남을 수 있는 것처럼. 그리고 그것이 전부다. 계속하다 보면 다음 기회가 있다. 『드래곤 사쿠라2』에서 주인공 사쿠라기는 "노력하지 마. 노력해서는 안 돼"라고 주장하는데, 그 사고법을 나도 실천하려고 애쓴다.

[◉◉ ⇨]

「노력하지 않는 것」

이것이 도쿄대학 합격의 첫걸음이야.

기능적으로 생각해서 말한다

...

미타 노리후사, 『드래곤 사쿠라 2』(1권 7화)

관찰을 방해하는 것
① 인지 편향

지금부터 관찰을 방해하는 세 가지 요인을 소개한다. 이 세 가지를 피하면 잘못된 관찰로 빠지지 않는다. '관찰을 방해하는 것'이라고 하면 외부 요인을 떠올릴지 모른다. 하지만 관찰을 방해하는 것은 대부분 자기 자신이다. 아인슈타인은 "상식이란 18세까지 습득한 편견의 집합이다"라고 말했다. 그야말로 '상식'과 '편견'이 관찰을 방해하는 대표적인 존재다. 우리는 눈으로 관찰하지 않는다. 뇌로 관찰한다. 뇌 안에서 무엇을 볼지 먼저 정해 두고 뇌가 보고 싶은 것을 추론하는 식으로 눈을 통해 볼 뿐이다. 최근 뇌과학 연구에서도 시각 정보는 인지하는 데 10퍼센트 정도밖에 쓰이지 않는다는 연구 결과가 있었다.

　　사고에 필요한 '언어'와 '개념' 또한 관찰을 촉진하는 도구인 동시에 방해하는 장애물이기도 하다. 상식, 편견, 언어, 개념…… 이러한 것은 전부 뇌의 인지에 관여한다. 이런 인지의 변형은 장애물도, 무기도 될 수 있다. 어떻게 인지하는지에 따라 보는 방식이 달라져서 원래대로 돌아가기 어

같은 그림이 젊은 여인으로도, 늙은 여인으로도 보인다.

려운 예로서, 흔히 「젊은 여인과 늙은 여인」 그림을 꼽는다. 이 알기 쉬운 그림 말고도 일상생활 속에서 인지가 관찰을 방해하는 다양한 예는 쉽게 찾아볼 수 있다.

잃어버린 물건을 찾을 때 바로 옆에 있었는데 전혀 보지 못했던 일은 누구나 경험한 적 있을 테다. 이 또한 '여기에는 없다'라는 기존의 정보가 관찰을 방해하기 때문이다. '무지개' 현상에 관해서도 일본과 한국 등의 동북아시아와 동남아시아에서 보는 방식이 다르다. 이것은 색을 표현하는 단어의 수에 차이가 있기 때문이다. 일본이나 한국은 일곱 가지 색이라고 말하지만, 인도네시아에서는 네 가지 색,

대만에서는 세 가지 색으로 보인다고 한다. 지식을 바탕으로 자연을 관찰하는 예라 할 수 있다. 또한 인지는 추상적 개념에도 영향을 끼친다. 히라노 게이치로의 소설 『마티네의 끝에서』에는 이런 문장이 나온다.

> "인간은 바꿀 수 있는 것이 미래뿐이라고 믿어요. 하지만 실제로는 미래가 과거를 바꾸고 있습니다. 바꿀 수 있다고 말할 수도 있고, 바뀌어 버린다고 말할 수도 있죠. 과거는 그만큼 섬세하고 감지하기 쉬운 것이 아닌가요?"
>
> — 히라노 게이치로, 『마티네의 끝에서』

미래에 새로운 정보가 더해져 인지가 바뀌면 과거의 의미가 달라지고 만다. 과거란 바꿀 수 없는 사실이 축적되는 것이 아니라, 현재 시점에서 관찰되며 의미가 계속 달라지는 것이다. '인지'를 사전에서 찾아보면 다음과 같다.

> 인지にんち: 심리학 용어로 인간이 외부에 있는 대상을 지각한 후에 그것이 무엇인지를 판단하거나 해석하는 과정.

'관찰'과 매우 유사하다. '의식'과 동의어라는 보충 설명도 있다. 여기에서 인지를 '의식'으로 바꾸는 편이 이해하기 쉬운 사람은 그리 해도 좋다. 관찰은 뇌 속에 있는 인지(의식)를 바꾼다. 동시에 인지(의식)는 관찰의 구조에 큰 영향을 끼친다. 따라서 닭과 달걀의 관계처럼 어느 쪽이 먼저인지 명확하게 말하기 어렵다. 하지만 뇌의 인지(의식)에 의해 관찰이 방해받아 잘못 관찰하게 되면 인지(의식)를 갱신하기가 어려워질 수 있다. 인지와 관찰은 본래 무한 반복을 되풀이하지만, 지금은 인지가 먼저 존재한다고 가정하고 관찰에 관해 생각해 보고자 한다. 인지가 먼저 존재하고 그 후에 관찰이 있다면, 인지는 무의식적인 행위로 제어할 수 없다. 무의식적인 인지를 조금이라도 파악하려면 '가설'이 효과적이다. 가설을 언어화하고 의식함으로써 무의식적인 인지도 조금은 의식할 수 있기 때문이다. 무엇이 관찰을 방해하는지 이해하는 것은 무엇이 가설을 왜곡하는지 이해하는 것과도 통한다.

내가 픽션을 좋아하는 이유 중 하나는, 독자의 인지 방식이 달라지면 벌어지는 에피소드의 의미가 180도 바뀌어 버린다는 점이다. 내가 편집한 만화 『우주형제』에서 뭇타의 동생 히비토가 JAXA(일본우주항공연구개발기구) 사상 최연소 우주비행사가 되어 달에 갔다가 지구로 귀환하는 장

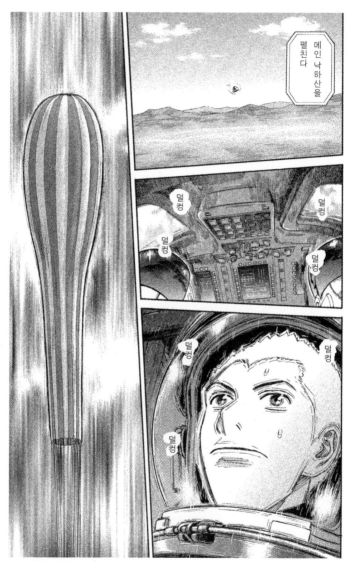

코야마 츄야, 『우주형제』(12권)

면이 있다. 처음 만화를 볼 때는 그 장면이 달에서의 장기 임무를 마치고 일본인 최초의 '문워커'라는 기록을 세운 히비토의 두근거리는 귀환 장면이라고 생각했다. 하지만 이후 히비토가 공황장애를 겪고 있다는 사실이 드러난다. 그 사실을 알고 다시 보니, 그제야 두근거리는 가운데 불안을 억누르는 히비토가 보였다. 작가인 코야마 츄야는 히비토의 땀방울과 눈동자의 떨림으로 불안을 표현했다. 히비토의 표정에 두근거림과 불안이라는 두 감정 모두 담아낸 것이다.

무라카미 하루키의 소설 『바람의 노래를 들어라』도 다시 읽으니 완전히 다른 풍경이 펼쳐졌다. 처음 읽으면 대학 시절의 한때를 돌아보는 경쾌한 청춘 소설로 보인다. 그 경쾌함 사이 자연스레 '그녀'가 자살했다는 사실이 나온다.

세 번째 상대는 대학의 도서관에서 알게 된 불문과의 여학생이었지만, 그녀는 다음 해 봄방학에 테니스 코트 옆에 있는 초라한 잡목림에서 목을 매고 죽었다. 그녀의 시체는 신학기가 시작될 때까지 누구에게도 발견되지 않았고, 거의 2주일 동안 바람에 휘날리며 매달려 있었다.

— 무라카미 하루키, 『바람의 노래를 들어라』

이 부분만 인용하면 여학생의 자살을 의식할 테지만, 처음 예사롭게 읽으면 크게 기억에 남지 않는 장면이다. 하지만 두 번째 읽었을 때, 그녀가 자살했고 그것을 말하지 못하다 10년이 지나서야 아주 조금이나마 그때의 일을 별일 아니라는 듯 가장한 채 말하고 있다는 사실을 느낄 수 있었다. 그러자 경쾌하다고 느끼던 모든 말에서 쥐어짠 듯한 애절함이 풍겨 와서 가볍게 읽을 수가 없었다. 감정이 뒤흔들렸다.

이렇게 이야기 속에서는 인지가 달라지면 세상을 보는 방식이 달라진다는 것을 실감하기 쉽다. 하지만 현실에서는 세상을 보는 방식이 달라질 만큼 인지하는 것을 쉽게 바꾸기가 불가능하다. 그래도 이야기 속에서 일어나는 것처럼 인지를 바꿔 보고 싶기에 나는 관찰에 관심을 기울인다. 관찰을 통해 세상을 보는 방식이 달라지는 것이 아니라, 인지가 달라짐으로써 세상을 보는 방식이 달라진다. 기존의 인지는 관찰을 방해한다. 잘못된 관찰은 기존의 인지가 전혀 바뀌지 않는, 이미 아는 사실을 전제로 바라보는 상태다. 반면 좋은 관찰은 기존의 인지를 흔든다.

관찰을 방해하는 것

② 신체·감정

다음으로 관찰을 방해하는 것은 '신체'와 '감정'이다. 관찰은 우리 신체와 오감을 통해 이루어지기에 그 상태에 따라 관찰의 질이 크게 좌우된다. 과거가 사실의 축적이 아닌 것처럼 관찰 대상 또한 절대적이지 않다. 관찰하는 주체의 상태에 따라 크게 달라진다. 가령 피곤한 상태일 때와 기운 넘치는 상태일 때는 같은 것을 봐도 관찰의 질이 다르다. 짜증이 날 때와 혐오감이 일 때도 관찰의 질은 크게 달라진다. 하지만 인지가 자신의 사고에 크게 영향을 미친다는 사실을 좀처럼 깨닫기 어려운 것처럼, 감정이 끼치는 영향도 깨닫기 어렵다.

그런데 애초에 '감정'이란 무엇 때문에 존재할까? 우리는 일상생활에서 논리적으로 생각해서는 늦을 때가 있다는 것을 알고 있다. 싫은 말을 들었을 때 논리를 세워 가며 '화를 낼지 말지' 정하지는 않으니까. 그럴 때는 즉시 판단하고 반응해야 한다. 감정이란 반응 시간을 단축하기 위해 사용된다. 즉 감정이란 사고를 떨치는 수단이라고도 할 수 있다.

여기서 어느 심리 실험이 떠오른다. 실험 대상자에게 각성제를 먹이고, 대상자가 있는 병실에 '화난 사람' 한 명을 집어넣는다. 그러면 어떻게 될까. 대상자는 "이렇게 사람을 기다리게 하는 병원은 말도 안 된다"라며 같이 화를 낸다. 다음으로 '기분이 좋은 사람' 한 명을 들인다. 그러면 병실은 "이 병원은 엄청 친절하게 환자를 봐 주는구나. 정말 고맙다!"며 감사하는 분위기로 바뀐다. 병원의 상태는 달라지지 않았는데 같은 공간에 화가 난 사람이 들어가는지 기분이 좋은 사람이 들어가는지에 따라 사람의 감정이 이 정도로 달라지는 것이다.

우리는 '감정'의 필터를 통해 관찰한다. 그러므로 감정을 다룰 때는 주의해야 한다. 왜냐하면 감정은 주변에 좌우되어 선택받는 것에 지나지 않기 때문이다. 사람이 화를 낼 때는 화를 낼 만한 대상이 있기 때문이라고 생각하기 쉽지만, 그렇지 않다. 보통은 먼저 화가 나 있고 이 화를 풀 대상을 찾는 경우가 많다. 원인과 결과가 뒤집히는 것이다. 예방의학 연구자인 이시카와 요시키石川善樹에 의하면 '화'란 소중한 것이 위태로워지는 상황에 주의가 향하는 상태라고 한다. 자신의 가치관이 부정당할 때 화는 들끓기 쉽다. 또한 '슬픔'은 '없는 것'에 주의가 향하는 상태라고 한다.

이처럼 감정은 관찰을 방해한다. 그럴 때는 사고를 일단 멈추는 편이 좋다. 그다음 여러 감정을 바탕으로 대상을 바라보는 습관을 들여야 한다. 여러 감정이 있는 것처럼 관찰도 감정에 따라 보는 포인트가 달라진다. 이것을 알면 감정을 이용해 대상을 바라볼 수도 있다(감정에 대해서는 4장에서 더욱 자세히 살펴보겠다).

관찰을 방해하는 것
③ 맥락

인간의 뇌는 무언가에 주목하면 거기에 '타깃을 고정'해 버리는 특징이 있다. 어느 한 지점에 주의를 고정한 채 바라보는 것이다. 그렇기에 인간은 좀처럼 '시간'과 '공간'을 동시에 주목하기 어렵다. 예를 들어 '칠칠치 못한 복장이다'싶게 입고 온 사람이 있더라도 주변 사람도 다들 편한 차림이라면 시간이나 장소, 상황에 어긋나지 않은 '적절한 복장'이라 할 수 있다. 그 사람이 입은 옷은 물론이고 주변과의 공간적인 관계성까지 관찰하고 나서야 적확한 판단을 할 수 있다는 말이다. 하지만 전부터 그 사람의 칠칠치 못한 면이 항상 신경 쓰였다면, 주변의 정보는 눈에 들어오지 않고 '역시 칠칠치 못한 사람이야'라고 지금까지의 인지를 강화하는 관찰을 하게 된다.

'시간 축'도 마찬가지다. 만약 상대가 칠칠치 못한 차림새라고 해도 '바로 몇 분 전까지 아이들과 공원에서 놀다가 급하게 달려왔다'라는 사정이 있다면 애초에 정장을 입고 있을 수가 없다. 갑자기 달려왔다는 사실을 두고 성실하다고 받아들일지, 아니면 그 차림새만으로 칠칠치 못한 사람이라고 생각할지는 판단의 문제다.

이전 사정을 알면 정보의 의미가 완전히 달라지는데도, 시간 축의 전후를 감안하지 않고 그 순간의 정보만으로 판단하는 일이 실은 무척 많다. 대상만 관찰하면 관찰을 그르친다. 시간적, 공간적 맥락을 동시에 관찰해야 대상에 더 다가설 수 있다.

코르크 랩 만화 과정의 강사를 맡고 있는 작가 야마다 즈니山田ズ一二의 저서 중 맥락을 살필 수 있는 알기 쉬운 예가 있다.

　　드디어 우주에 착륙(일본경제신문)
　　드디어 우주에 착륙(도쿄스포츠)

같은 문장임에도 불구하고 어느 미디어에서 인용했는
가에 따라 독자가 수용하는 정보는 완전히 다른 의미를 지
니고 만다. 정보 자체에 의미가 있다면 어떤 미디어에 실리
더라도 의미는 같아야 한다. 여기에 "드디어 우주에 착륙"
이라는 문장만 있다면 정보의 가치는 없다. 오히려 '어떤 미
디어에서 보도되었는가'라는 맥락과 조합해야만 의미가 성
립한다. 이렇듯 관찰력을 길러 세상을 보는 시야를 키워 나
가려면 대상뿐 아니라 맥락까지 포함해서 바라봐야 한다.
문제는 맥락이 고정된 것이 아니기에 자신이 제대로 맥락
을 관찰하고 있는지 완벽하게 확인할 수는 없다는 점이다.

여기에서 소개한 관찰을 방해하는 세 가지 요인, 즉 인
지 편향(=뇌), 신체와 감정(=감각기관), 맥락(=시공간)이
버그를 일으키기 쉽다고 의식하는 것만으로도 관찰의 정
밀도는 달라진다. 나는 이 세 가지를 총칭해서 '안경'이라고
부른다. 모든 사람은 이 안경을 쓰고 세상을 바라본다. 그런
데도 많은 이는 '나는 안경 따위 쓰고 있지 않아', '언제라도
안경을 벗고 세상을 올바르게 바라볼 수 있어'라고 믿는다.
하지만 사람은 절대로 안경을 벗을 수 없다. 그보다는 자신

이 어떤 안경을 쓰고 있는지 이해하고 그것을 이용해야 한다. 쓰고 있는 안경에 대한 이해가 관찰을 촉진한다. 단점이 장점이 되는 것처럼, 관찰을 방해하는 요인인 '안경'도 무기가 될 수 있다.

자신이라는
감옥

사람들은 감옥에 갇혀 있다. 나는 중학생 때부터 그렇게 느꼈다. 내가 쓴 '안경' 탓에 관찰을 방해받아 세상을 올바르게 이해할 수 없었기 때문이다. 그 때문에 많은 실패와 어려움을 겪기도 했다. 인지 편향, 감정, 편견…… 이런 것들은 전부 인간이 진화 과정에서 우리 몸에 익힌 능력이다. 몸을 지키기 위한 반사작용으로는 분명 도움이 되는 것이지만 차분히 깊은 사고를 할 때는 오히려 사고를 방해하는 것들이다. 하지만 어떤 한 시점에 나를 감옥 안으로 밀어 넣기만 한다고 생각되던 안경도 사고방식을 바꾸면 무기로 쓸 수 있다는 사실을 깨달았다.

내가 몸과 정신을 '감옥'처럼 느낀 것은 그저 제대로 사용하지 못했기 때문이다. 뇌나 감정, 나아가 몸에도 버그가 있어 내 생각대로 되지 않는 것이 당연하다는 사실을 깨달았다면, 이제부터 제대로 사용하고자 노력하면 된다. 그렇게 생각하자 세상을 보는 사고방식이 바뀌었다. 그때부터 안경은 내 무기가 되었다.

관찰력을 기르면 인풋의 질이 높아진다. 특별히 노력하지 않아도 일상적으로 질 높은 정보가 점점 축적된다. 그리고 인풋이 쌓이면 흔히 '감성'이라고 하는 것이 몸에 붙는다. 감성이 쌓이면 이번에는 깨닫는 것의 질과 양이 압도적으로 늘어난다. 아웃풋의 질도 아울러 높아진다. 이 궤도에 올라타기만 하면 기하급수적으로 성장하는 일만 남는다. 따라서 관찰력이야말로 다양한 능력으로 이어지는 도미노의 첫 블록이다. 관찰력을 기르면 과거 감옥이라고 느꼈던 자신의 몸도 최강의 무기로 바꿀 수 있다. 자신의 뇌를, 감정을, 몸을 좋아하게 되고 그 힘을 마음껏 쓸 수 있다.

대학생 무렵부터 내 마음을 사로잡고 떠나지 않는 시가 있다. 포르투갈 시인 페르난두 페소아가 쓴 「나는 도망자다」이다. 페소아가 본 경치를 보고 싶어서 리스본까지 여행한 적도 있을 정도다.

나는 도망자다
나는 내가 태어난 직후부터
나 자신 속에 가둬졌다
아아, 하지만 나는 도망쳤다

사람들은 같은 장소에
질리는 법
그런데 어째서 그들은
같은 자신으로 있는 것에 질리지 않는가?

내 영혼은 자신을 찾으며
계속해서 헤맨다
바라는 것은 내 영혼이
나를 절대 만나지 못하기를

무언가로 존재하는 것은 감옥이다
자신이 되는 것은 존재하지 않는 것이다
나는 도망자로서 살아가리라
정말로 보다 생생하게

— 페르난두 페소아, 『불안의 서』

나는 항상 내가 아닌 무언가가 되고자 했다. 나라는 감옥에서 도망쳐서 여기가 아닌 어딘가로 가고 싶었다. 마흔 살이 넘어서야 나는 도망을 멈췄다. 내 몸을 생명의 기적 같은 결과라고 느끼며 몸을 통해 내 마음을 관찰하고, 세상을 관찰하고, 세상과 연결되고자 마음먹었다. 이렇듯 자기 자신을 극단적으로 부정하지 않고 축복하는 존재로 인정하려면 관찰력이 필요하다.

제2장

'가설'을 기점으로
관찰 사이클을 돌려라
:
다섯 가지 구체적 액션

'물음→가설→관찰'의
사이클을 돌린다

우리가 무언가를 관찰하려 할 때 '인지 편향', '신체·감정', '(시공간의) 맥락'이 관찰을 방해한다. 그리고 나는 이 모두를 합쳐 '안경'이라고 부른다고 했다. '안경'을 쓰지 않고 대상을 볼 수 없다면 그 안경을 의식적으로 바꿔 쓰면 된다. 그 '의식적인 안경'이 바로 '가설'이다.

　　관찰이란 가설과 대상 간의 어긋남을 바라보는 행위다. 고대 그리스 철학자인 제논이 제시한 '아킬레스와 거북이'의 역설에서는 빠른 발을 가진 영웅 아킬레스가 제아무리 노력하더라도 거북이를 평생 따라잡지 못한다. 아킬레스가 어느 지점에 도착할 때마다 거북이가 그 지점보다 아주 조금 앞서 있기 때문이다. 이와 마찬가지로 가설과 대상도 완벽히 일치하지 않는다. 한없이 가깝다고 해도 가설과 대상은 어딘가에서 어긋나 있다. 좋은 관찰이 이뤄지면 물음이 탄생하고 그 물음에서 가설이 생겨난다. 그리고 또다시 새로운 관찰이 시작된다. 이 과정이 반복되면 대상을 더자세히 알게 된다. 가까이 다가서는 것이다.

사과가 떨어지는 것을 보고 뉴턴이 만유인력을 끌어냈다는 에피소드를 내가 왜 지어낸 이야기가 아니라 진실이라고 생각하는지 그 이유가 여기에 있다. 처음에는 "왜사과가 땅에 떨어졌을까?"라는 어린아이도 떠올릴 법한 무척이나 간단한 물음이 생겨난다. 그로부터 "지면에서 사과를 잡아당긴 건 아닐까?"라는 대략적인 가설이 세워지고관찰이 시작된다. 관찰은 나아가 새로운 물음을 빚어내고가설은 점점 갱신된다. 그리고 마침내 '만유인력의 법칙'이라는 세기의 발견으로 이어진 것이다.

인류의 위대한 발견의 '첫걸음'은 정말로 사소한 물음이었으리라. 갑자기 위대한 물음을 찾아서 인생을 걸고 답을 찾아야 한다고 생각하면 많은 사람이 자신은 그런 물음을 떠올릴 수 없다며 절망할 것이다. 그런 것이 아니라 누구든 떠올릴 수 있는 흔해 빠진 물음을 가설과 관찰을 통해 갈고닦는 것이다. 나는 전작 『당신의 가설이 세상을 바꾼다』에서도 가설에서부터 사고를 시작하자고 주장했었다. 베

스트셀러가 된 안자이 유키安斎勇樹와 시오세 다카유키塩瀬隆之의 『물음을 디자인하다』問いのデザイン라는 책 또한 비슷한 이야기를 한다. 제목처럼 어떻게 하면 좋은 물음을 디자인할 수 있는지에 관한 양서다. 이 책에서는 '물음·가설·관찰' 세 가지 사이클을 빙글빙글 돌린다.

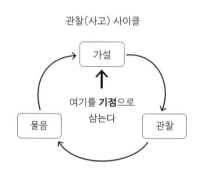

관찰(사고) 사이클

일단 '가설'을 세운다. 그럼 '가설'을 검증하고 싶다는
욕망을 동반한 '관찰' 사이클이 시작된다.

어디를 기점으로 하면 사고가 끊임없이 이어질까. 『물음을 디자인하다』의 두 저자는 '물음'이라고 생각한 듯하다. 하지만 나는 '가설'을 기점으로 삼으면 사이클이 끊임없이 이어지리라 가정하고 이야기를 이어 가고자 한다. 아니, 사실 기점은 어디여도 상관없다. 이 사이클이 멈춰 버렸을 때 어떻게 뒤흔들고 움직이게 할 것인가가 더 중요하다. 그 수단은 많은 편이 좋다. 내가 가설을 사이클의 기점으로 삼는 것이 좋다고 생각하게 된 계기는 '행동 사이클'에서 얻은 힌트 때문이다. 구체적으로 행동을 일으키고 싶을 때 살펴볼 만한 것이 바로 행동 사이클이다. 행동 사이클이란 모든 행동은 '반추→계획→실행'의 단계를 거친다는 내용이다.

행동 사이클

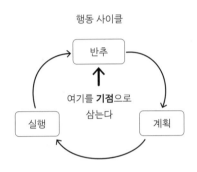

'계획'을 기점으로 생각하면 실행에 내실이 차지 않고 계획만으로 그치고 만다. 하지만 '반추'를 기점으로 삼으면 내실이 찬다.

보통 이 사이클에서는 '계획'을 기점으로 삼는 경우가 많지만, 이래서는 작심삼일이 되기 쉽다. 계획부터 시작하면 행동에 내실이 차지 않는 경우가 많기 때문이다. 어떻게 하면 행동에 내실을 채울 수 있을지 시도하는 와중에 '반추'

를 기점으로 삼으면 행동에 내실을 채우고 내 일처럼 받아들여 '계획'을 세우기 쉬워진다고 느꼈다. 이 행동 사이클의 '반추'는 관찰(사고) 사이클에서의 '가설'에 해당한다. 일단 조잡해도 좋으니 가설을 세우자. 그러면 가설을 검증하고 싶다는 욕망이 생겨나고 영양가 있는 관찰이 시작된다.

가설은 최강의 도구

가설은 관찰을 시작할 때의 최강의 도구다. 현대에는 많은 도구가 있다. 하지만 도구에 휘둘리면 사람은 관찰이 아니라 '관측'을 하게 된다. 관측을 하면 데이터라는 '만질 수 있는 것'이 손에 들어온다. 그러면 무언가를 얻은 기분이 들어 안심하고 만다. 그러나 인터넷을 비롯한 도구가 전혀 없어도 가설에만 의지해 세상을 바라본 사람이 오히려 훨씬 멀리까지 관찰했다. 예를 들어 2,500여 년 전 고대 그리스 사람들은 '불, 공기, 물, 흙'으로 세상이 구성되었다고 생각하고, 그 가설을 바탕으로 세상을 관찰하며 깊게 사고했다. 그리고 관찰을 계속하는 가운데 4원소라는 가설 자체도 진보했다. 중국에서도 마찬가지다. '금金·목木·수水·화火·토土'

다섯 가지로 세상이 구성되었다는 가설인 오행五行을 세웠다. 이렇듯 서양이든 동양이든 대담한 가설을 먼저 세우고 그 가설을 바탕으로 세상을 관찰했다. 그 후 다양한 관찰이 행해진 덕에 가설이 진보했다. 만유인력의 법칙도 마찬가지다.

많은 정보와 도구가 현대사회에 넘치지만 그것을 한 번 전부 손에서 놓고 가설만을 무기로 삼아 보자. 그것이 관찰력을 갈고닦는 방법이다. 그렇다면 가설은 어떻게 세우면 좋을까. 그것을 이 장에서 생각해 보고자 한다.

1. 먼저 있는 그대로
'디스크립션'

그림을 볼 때 '보는 그대로, 느끼는 그대로 표현하면 된다'라고 말하곤 한다. 학교 미술 시간에 그림 감상을 가르칠 때 사용하는 상투어다. 하지만 이것은 쉽지 않다. 그래서 어떻게든 '있어 보이는' 감상을 짜낸다. 아무것도 떠오르지 않으니 검색해서 얻은 주변 정보를 마치 자신의 감상처럼 말하기도 한다. 우리는 자기 마음속에서 벌어지는 일조차 제대로 알지 못하기 때문이다. 그렇기에 관찰력을 갈고닦아야 한다.

그림을 보는 것은 '그림을 보고 움직인 내 마음을 관찰하고 마음의 변화를 만들어 낸 그림의 표현 방식과 저자의 의도를 떠올리는' 행위지만, 대부분의 사람에게는 어려운 일이다. 느낀 것을 말로 표현하기란 쉽지 않다.

「우유를 따르는 여인」이라는 그림을 보며 갑자기 가설을 떠올리고 관찰할 수 있는 사람은 거의 없다. "빛을 표현하는 방식에 독특한 특징이 있는 것 같네. 그렇다면 어떤 특징이 있는지 관찰해 보자" 같은 생각을 해내는 일은 벌어지지 않는다. 그것은 수십 번이고 '물음→가설→관찰'이라는 관찰 사이클을 돌려야 겨우 도달하는 가설이다.

그렇다면 어떻게 해야 할까. 우선 본 것을 '제대로 말로 표현'해야 한다. 가설이란 머릿속에 뭉게뭉게 퍼져 있는 궁금증을 겨우 말로 바꾼 것과 같다. 그렇기에 어떻게든 말로 표현하고자 노력해야 한다. 가설은 말로 표현함으로써 시작된다. 그리고 나는 말의 힘을 믿는다. 인간은 신체 모든 부분을 사용하여 세상을 느끼지만, 말만이 의식적으로 사용할 수 있고 제어할 수 있는 도구다. 말로 표현하기에 암기하고 정리할 수 있다. 말로 표현하기에 머릿속으로 정리하며 더 많은 것을 알게 된다. 말이란 인간이 유일하게 시공간을 뛰어넘어 소지할 수 있는 무기다. 본 것을 어떻게든 말로 표현해야 한다. 말로 표현하다 보면 자연스레 물음이 떠오르고 가설이 생겨난다. 관찰에는 가설이 필수지만, 아무것도 떠오르지 않을 때는 말로 표현하는 것만을 목적으로 삼아 관찰을 시작하면 된다.

요하네스 페르메이르, 「우유를 따르는 여인」

　「우유를 따르는 여인」은 네덜란드 황금시대의 화가 요하네스 페르메이르가 17세기경에 그린 그림이다. 이 그림에는 무엇이 그려져 있는가. 있는 그대로 표현해 보자. 눈에 들어오는 인상적인 순으로 이야기해 보자. 세부적인 부분도 마찬가지다.

　그림 한가운데에 하녀가 서 있고, 테이블에 놓인 볼록한 점토 항아리에 양팔을 사용해 우유를 정성스레 조금씩 따르고 있습니다. 테이블에는 에메랄드그린 색상의 테이블보가 덮여 있고, 다양한 빵이 놓여 있습니다. 손으로 뜯은 듯한 조그만 빵도 있고, 바구니 안에는 큰 빵도 있습니다. 또한 금속제 물병 같은 것도 있고요. 여인은 흰 두건을 썼고, 머리카락은 두건으로 덮여 있습니다. 위에는 두툼한 노란색 작업복을 입었고, 팔꿈치까지 소매를 걷어 올렸습니다. 아래는 적갈색 스커트 차림인데 허리에 파란 앞치마를 둘렀습니다.

여인은 조금 튼실해 보이는 체형으로, 팔꿈치 앞쪽의 팔뚝에는 어렴풋이 근육이 솟아 있습니다. 얼굴은 우유를 따르는 병을 향해 있고, 표정에서 감정을 읽기는 어렵습니다. 그림 왼쪽에 그려진 창문으로는 햇빛이 들어오고 있으며 여인의 얼굴 오른쪽 절반과 상반신, 우유를 따르는 병과 항아리, 테이블을 밝게 비추고 있습니다. 여인의 바로 뒤에는 무늬 없는 흰 벽이 있고, 곳곳에 못질한 듯한 구멍이 군데군데 나 있습니다.

이처럼 눈에 보이는 것을 말로 변환하는 것을 '디스크립션'description이라고 한다. 디스크립션이란 '기술, 묘사, 설명, 표현'을 의미하는 영어 단어지만, 자신이 본 것을 그대로 말로 기술한다는 의미로 이 책에서는 사용하고자 한다.

디스크립션에 필요한 것은 주관적인 감상의 배제다. 최대한 객관적으로 사실만을 설명해야 한다. 사실과 자신의 감상을 나누는 연습은 관찰력 단련에 중요하다. 자신의 해석이나 감상을 사실이라고 생각하면 관찰은 끝장이다. 그리고 그런 착각은 꽤 쉽게 일어난다. 에이미 허먼의 『우아한 관찰주의자』에 따르면 미술관에 방문한 사람이 그림 한 장에 들이는 시간은 평균 17초라고 한다. 성미가 급한 나는 그보다 더 짧게 그림을 볼지도 모른다. 사람들은 미술관까지 굳이 발길을 해서는 그만큼의 시간밖에 쓰지 않는다. 화집 같은 것으로 볼 때는 그 시간이 더욱 짧다.

보는 데 그친다면 그림 속에 담긴 많은 정보를 알아채지도 못하면서 '다 알았다'라는 마음이 들어 제멋대로 보는 행위를 멈추고 만다. 디스크립션은 천천히 시간을 들여야

하는 관찰에 반드시 필요한 것임에도 좀처럼 되지 않는다. 디스크립션을 하려면 필요한 말의 길이만큼 필연적으로 오랜 시간을 바라보게 되고 그러다 보면 이런저런 것을 깨달을 수 있다. 그렇다면 다시 한번 「우유를 따르는 여인」을 보고, 머릿속으로 디스크립션을 해 보자. 그리고 나와 함께 큐피드에 관해 이야기해 보자.

자, 몇 명쯤 그림에서 큐피드를 알아챘을까? 나는 처음에는 전혀 알아채지 못했다. 그림을 보는 것은 한순간이지만 그리는 데는 수십 시간이 걸린다. 자칫하면 그 이상이다. 사소한 묘사라고 해도 아무 이유 없이 그렸을 리가 없다. 작가가 무언가의 의미를 담은 것이다. 큐피드에 숨겨진 의미는 무엇일까?

여기에서 나는 하나의 가설을 떠올린다. '여인은 누군가를 사랑하는 것 아닐까? 그게 아니면 여인은 누군가에게 사랑받고 있나?' 여인과 사랑이 연관 있다는 가설을 바탕으로 그림을 다시 관찰하면 어떻게 될까. 사랑과 관련된 정보는 이것 말고는 없을까? 하녀를 통해 작가는 무엇을 전하려고 한 걸까? 가설이 있으면 그 증거를 찾는 탐정 같은 눈으로 그림을 바라보게 된다. 타일 앞에 있는 나무 상자는 뭘까? 그 안에 무언가 들어 있는데 그건 뭘까? 그림만으로는 해독할 수 없는 물음도 샘솟는다. 어떤 것이든 좋다. 디스크 립션을 해 보면 여러 가설이 떠오른다. 그럼 그 가설을 '안경'으로 삼아 다시 한번 바라본다. 그러면 지금까지 깨닫지 못했던 것을 깨닫게 되고, 새로운 물음이 떠오르며 가설을 갱신할 수 있다.

많은 사람은 보고 싶어 하는 욕망이 있다. 랩으로 싼 잡지를 보면 왜인지 내용이 더 보고 싶어진다. 그렇지만 그것을 사 와 집에서 느긋하게 보는 사람은 거의 없다. 살짝 본 것만으로 '다 봤다'라며 그 이상의 욕망을 갖기를 포기한다. 이런 '보고 있는 것 같지만 보지 않는 상태'에서 벗어나 관찰력을 기르기 위한 첫걸음, 그것은 우선 '말로 표현하는 것'이다. 보고 있는 것을 언어로 바꿈으로써 가설을 떠올리기 쉬워진다.

머릿속에 떠오른 막연한 인상이라는 추상적인 것을 말이라는 구체적인 것으로 한번 바꿔 보자. 그리고 그 구체적인 것의 집합체를 통해 작가의 의도와 같은 '추상'을 추측한다. 이러한 '추상→구체→추상'의 작업을 반복하면 관찰의 질이 높아진다. 언어를 사용함으로써 자신의 관찰이 얼마나 허술한지 자각할 수 있다. 자각하면, 다음 단계로 넘어갈 수 있다.

2. 외부의 '평가'를
참고 기준으로 삼는다

디스크립션을 통해 자기 나름의 가설을 떠올리며 그림을 보는 것이 점점 재밌어진다면 다행이지만, 아무것도 떠오르지 않는 사람도 있을 것이다. 그때는 어떻게 하면 좋을까. 모든 배움은 '따라 하기'에서 시작한다. 다른 사람이 「우유를 따르는 여인」을 어떻게 보았는지 정보를 모아 보는 방식도 효과적이다.

　이 책을 집필하면서 '우유 따르는 여인'이라는 키워드로 구글에 검색해 보고는 놀랐다. 구글 아트 앤 컬처Google Arts & Culture라는 서비스를 통해 이 그림을 비롯한 많은 명화에 디스크립션된 대표적인 해석이 함께 소개되고 있었다. 이런 서비스를 이용하여 다른 사람은 어떻게 그림을 보았는지 찾아보고 타인의 시점을 '안경'으로 써 보면 좋다.

이때 그저 타인의 해석이 어떤지 확인하는 데 그치지 말고 그 해석에 반론이나 찬성의 논거를 찾아 나서는 자세로 바라보아야 한다. 중요한 내용이라 몇 번이고 반복하지만 가설이 있으면 답을 찾겠다는 마음으로, 주체적으로 보게 되며 관찰로 이어진다.

외부 정보 없이 디스크립션하여 가설을 만들면 저마다 편견이 강한 가설이 생겨나므로 어쩌면 재미있는 발견으로 이어질 수도 있다. 하지만 이것은 독단적이며 관찰 사이클이 멈출 위험성도 있다. 그럴 때 효과적인 것이 외부의 정보나 타자의 평가를 가설로 삼아 바라보는 것이다. 예를 들어 나는 영화를 보기 전에 예고편과 줄거리를 확인하고 나름대로 가설을 세운다. 그 후 '아마도 이런 유형, 이런 스토리의 영화 아닐까'라고 짐작하며 영화를 보기 시작한다. 가령 아무리 재미없다는 평을 받은 영화라 해도 가설과 작품의 차이는 생긴다. 그러면 '나는 이런 영화라고 예상했는데 사실 이런 영화였구나'라며 그 간극을 즐길 수 있다.

그저 즐거움을 위해 수동적인 자세로 작품을 맛보면 실망하는 일이 늘어난다. 하지만 이 작품을 만든 사람과 내 생각의 차이는 왜 생길까? 이 물음은 질리지 않는다. 질리지 않는 물음을 품으면 작품을 다각도로 즐길 수 있다. 영화에 따라서는 다른 사람들의 평가를 여러 편 읽은 후에 보러 갈 때도 있다. 다른 사람과 내 평가의 차이를 관찰함으로써 그 작품에 대한 이해가 깊어지기 때문이다. 타자의 평가를 먼저 읽으면 그것이 정답이라 생각하며 무의식중에 자신의 감상을 거기 맞추려고 하는 사람도 있다. 그러나 타자의 평가는 한 가지 가설로 잠시 빌리는 것뿐이다. 그것에 반론한다는 마음으로 보아야만 좋은 관찰로 이어진다.

3. 기억을 믿지 말고
데이터를 확인한다

앞서 가설을 만들기 위해 디스크립션을 하는 방법, 타자의 평가를 참고하는 방법을 제안했다. 세 번째는 데이터를 확인하는 방법이다. "올해는 덥네요"라고 별 뜻 없이 인사하는 사람이 있는데, 나는 이런 말을 들으면 멈칫한다. '오늘은 덥다'고 하면 사실인지 곧장 확인할 수 있지만, '올해는 덥다'고 하면 데이터와 대조해 보지 않으면 확인할 수 없기 때문이다.

애초에 사람의 기억이란 망상과 그리 다르지 않을 정도로 제멋대로라고 생각하자. 사람들은 '그 자리에서 봤기에 기억한다'라고 생각하지만, 실제로는 애초에 올바르게 본 것인지조차 알 수 없다. 더욱이 기억은 저장된 사이에 왜곡된다. 따라서 가설을 세울 때 기억에 의지해서는 안 된다.

이때 통계 데이터가 있는 것은 반드시 확인해 봐야 한다. 데이터를 통해 가설을 세우고 실행하는 프로세스를 내 일상의 한 장면을 통해 소개하겠다.

나는 핏비트Fitbit라는 심박수를 측정하는 스마트워치를 요 몇 년간 착용하고 있다. 핏비트의 데이터를 매일 밤 보면서 가설 검증을 반복했더니 음주를 자연스레 그만두게 되었다. 회사 이름을 '코르크'라고 지을 정도로 와인도 무척 좋아했는데 말이다. 그렇다면 이건 어떤 과정을 거친 결과일까. 핏비트는 평소 심박수와 수면 데이터를 기록한다. 이 데이터를 보다 보니 심박수가 높고 수면 데이터가 얕은 날이 불규칙하게 있었다. 공통점은 음주였다. 음주가 수면의 질을 떨어뜨리고 있었다. 이 사실을 알게 된 후, 식사를 시작할 때 술을 한 잔만 곁들이고 그 후엔 참아 보기도 했고 술을 마신 날엔 욕조에 오래 몸을 담그거나 자기 전에 물을 많이 마시는 등 다양한 가설을 실행했다. 술을 마시더라도 질 좋은 수면을 취할 방법은 없는지 다양하게 시도해 봤다. 하지만 결국 무엇을 시도해도 실패였다. 마침내 음주 자체가 문제라는 결론에 이르렀고, 음주를 안 하니 수치가 단번에 개선됐다. 그럼에도 술을 좋아했기에 도쿄에서는 마시지 않되 지방에서는 마음껏 마신다는 규칙을 세우고 이를 따랐다. 하지만 어느샌가 술 자체에 약해져서 지방에서도 술을 마시지 않게 됐고, 지금은 완전히 술을 끊었다. 여기에 술을 끊겠다는 의지는 어디에도 개입하지 않았다. 그저 어느샌가 술을 받아들이지 못하는 몸이 되어 있었다. 매일 데이터를 보고 시행착오를 거치다 보니 예상치도 못하게 꽤 멀리 와 있었다.

데이터를 바탕으로 가설을 세우는 도중에 애초에 가지고 있던 커다란 물음이 갱신될 때도 있다. 가설을 처음 세울 때는 "어떻게 하면 지금보다 행복해질까?"라는 '물음'이 있었다. 그로부터 수면 데이터 '관찰'을 시작했다. 처음에는 "충실한 하루를 보내면 양질의 수면을 취할 수 있지 않을까?"라는 가설이 있었다. 그래서 낮의 일정을 하고 싶은 일로 가득 채웠다. 그렇게 하면 몸이 지쳐서 푹 잘 수 있었기 때문이다. 하지만 데이터와 매일 마주하는 동안 내 안에서 완전히 반대의 가설이 생겨났다. "양질의 수면을 취하면 하루를 충실하게 보낼 수 있지 않을까?"

지금은 이 가설을 바탕으로 스케줄을 짜고 있다. 도쿄와 후쿠오카, 두 곳을 거점으로 생활하는 탓에 아침에 비행기로 이동해야 해서 새벽 6시에 일어나야 하는 날이 있다. 그런데 양질의 수면을 위해서는 기상 시간을 바꾸지 않는 편이 좋다. 그래서 이전에는 7시에 일어났지만, 이동하지 않는 날에도 6시에 일어나기로 마음먹었다. 오전 중에 산책이나 조깅을 해서 적당한 피로를 느끼게끔 했고, 오후의 마지막 회의 시간을 한 시간 앞당겼다. 수면 시간을 기점으로 생활을 완전히 개조한 것이다. 그 결과는 장기적으로 보지 않으면 알 수 없지만, 지금 상황만 봐서는 매우 잘 풀리고 있다.

데이터를 바탕으로 가설을 만들거나 갱신하는 방법은 무척이나 효과적이다. 하지만 데이터를 너무 객관적으로만 바라보면 가설이 떠오르지 않는다. 나처럼 "보다 행복해지기 위해 제대로 된 잠을 자고 싶다!" 같은 '욕망'을 지니고 데이터를 보면 가설이 생겨난다. 떠오른 가설과 데이터를 비교할 때는 객관적이어야 하지만, 가설을 만들 때는 최대한 주관적인 편이 좋다. 관찰력을 기르려면 객관과 주관, 구체와 추상 사이를 적절한 타이밍에 오갈 필요가 있으며, 그 전환 타이밍을 이해하는 것이 관찰력을 기르는 핵심이다.

데이터는 최대한
주관적으로 사용한다

욕망을 통해 주관적으로 데이터를 바라볼 때 가설이 생겨난다. 실화를 바탕으로 책과 영화로 만들어진 『머니볼』의 주인공 빌리 빈은 경기 데이터를 이용해 구단을 강화한다. 오합지졸 구단이었던 오클랜드 애슬레틱스팀은 그의 수완 덕에 플레이오프에 단골로 오르는 강호팀으로 변모했다. 데이터를 이용했다는 점이 주목할 만하지만, 결국 이기고 싶다는 강한 욕망이 데이터를 바탕으로 한 가설과 관찰 사이클을 빚어 낸 것이다. 다른 구단도 그와 비슷하게 이기고 싶다는 강한 욕망이 있었을 테다. 하지만 어떤 구단이건 비슷한 물음을 마주할 뿐이었다. 바로 "어떻게 하면 이길 수 있나?"라는 물음 말이다. '안타를 많이 치는 타자와 실점하지 않는 투수가 있는 팀을 만들면 된다. → 어떻게 하면 그런 좋은 선수를 갖출 수 있을까? → 스카우트 또는 드래프트?' 이런 식으로 비슷한 사고 사이클에 빠져 있었다. 한편 빌리 빈은 '어떻게 하면 연봉이 저렴한 선수로 이길 수 있을까?'를 생각했다. 그리고 야구를 '안타를 치고 실점하지 않으면 이기는 경기'가 아니라 '27개의 아웃을 당하기 전에는 끝나지 않는 경기'로 정의했다. 이 가설을 바탕으로 야구계의 데이터를 다시 바라봤다. 빌리 빈의 주관이 이미 존재하던 데이터를 보는 관점을 바꾼 것이다.

기존의 야구계 상식에 따르면 포볼보다 안타가 중시되었고, 타율이 높은 선수가 높은 연봉을 받았다. 하지만 점수를 내는 데 필요한 것은 상대방에게 아웃을 당하지 않는 것이다. 그 시각으로 바라보자 안타와 포볼의 가치는 똑같았다. 이렇게 오클랜드 애슬레틱스팀은 안타를 많이 치는 선수가 아니라 출루율이 높은, 낮은 연봉의 선수들을 모아 강호로 변모했다. 빌리 빈은 기존의 야구계 상식에 사로잡히지 않았다. "어떻게 하면 아웃을 당하지 않을까?"라는 주관을 통해 경기 데이터를 바라봤다. 그렇기에 독자적인 가설을 세우고 관찰하여 데이터의 평가와 재발견이라는 사이클로 들어갈 수 있었다.

나는 우리 회사에서도 데이터 모으기를 중시한다. 매출이나 이익 같은 지표뿐 아니라, 사원이 보다 일하기 쉬운 환경을 만들기 위한 가설을 세울 수 있는 데이터는 무엇일까 생각한다. 코르크는 코로나19를 계기로 완전히 재택근무로 전환했다. 사무실을 쾌적하게 만들고자 궁리하는 것처럼 온라인 업무를 순조롭게 만들려면 어떻게 하면 좋을까? 온라인에서도 활발하게 소통하며 사원이 원만하게 지내는 회사로 만들고 싶다는 욕망을 바탕으로 데이터를 모았다. 데이터 수집은 벤처 기업인 '리바네스'에 의뢰했다. 재택근무로 바꾼 후 사용하는 도구는 줌zoom, 슬랙slack, 노션notion 등 여러 개다. 그중에서도 중점적으로 사용하고 비교적 분석하기 쉬웠던 슬랙의 데이터를 모았다. 슬랙에 글을 올리는 빈도가 낮아졌다는 것은 무엇을 의미할까? 슬랙에 글을 올리는 빈도와 팀의 성과 간에는 상관관계가 있을까? 그런 식으로 물음을 만들어 슬랙에서의 행동 이력을 분석한 후 업무 진행 상황을 가시화했다.

우선 명확해진 것은 사원별 슬랙 이용 경향이었다. 각자 가정 사정에 따라 다양한 방식으로 일한다는 점은 이해하고 있었다. 하지만 확실히 데이터로 보자 누가 어떤 방식으로 일하는지 상상하기 쉬웠다. 예를 들어 아이를 키우는 직원은 저녁 6시부터 9시 사이 시간대에는 슬랙에 전혀 접속하지 않는다. 한편 주말이든 한밤중이든 상관없이 접속하는 직원도 있다. 모은 데이터를 보면서 직원들과 논의하기 시작했다. 한 부서에서는 슬랙의 데이터를 바탕으로 어떤 방식으로 일하고 싶은지를 각자 생각해서 '나의 집중 근무 시간은 이 시간'이라고 서로 선언하기로 했다. 집중 근무 시간 이외의 시간은 상대방의 회신을 애초에 기대하지 않게끔 한 것이다. 매일 측정하는 데이터를 살피니 이 같은 고민을 거치게 되었고 직원들의 업무 몰입도가 개선되어 일하기 편해졌다고 느끼는 직원이 늘었다.

모두가 출근하는 사무실이라면 사원과 직접 접하면서 지금의 회사 상황을 감안해 시책을 정할 수 있다. 하지만 재택근무라면 데이터밖에 볼 수 없다. 사원 간의 대화를 전부 확인하는 것은 물리적으로 불가능하기에 데이터를 통해 가설을 세우고 시책을 정해야 한다. 데이터라는 추상적인 것을 구체적으로 관찰하여 가설을 세우는 것이다.

4. 철저히 모방한다.
틀을 깨닫는다

반복해서 말하지만 뛰어난 일에 필요한 것은 홈런이 아니다. 당연한 것을 축적하는 일이다. 그렇기에 특출난 아이디어를 떠올리기보다는 기본을 몸에 익히는 것이 가장 중요하다. 어떤 상황에 있는 사람이건 우선 '모방'해야 한다. 모방의 중요성을 신인 만화가나 회사 직원은 물론 내 아이에게도 말한다. 그리고 나 또한 변화가 필요할 때는 모방 단계로 돌아가고자 노력한다. '따라 하기'라고 말하면 안이한 방법이라고 생각할지 모르지만, 완전히 그 반대다. 자기만의 방식으로, 하고 싶은 대로 하는 편이 훨씬 안이한 방법이다. 그러면 쉽게 해냈다는 마음이 든다. 자신의 아웃풋과 프로의 아웃풋 사이에 천양지차가 있음에도 그 차이를 차분히 관찰하지 않고 자신의 마음을 지키는 것이 자기만의 방식을 따르는 경우다.

　실제로 해 보면 알겠지만, 프로를 막상 따라 하려고 해도 쉽게 따라 할 수 없다. 예를 들어 일본무용을 하는 사람은 스치듯이 걷는다. 태극권은 동작이 무척이나 느리다. 바라볼 때는 간단히 따라 할 수 있을 것만 같다. 하지만 실제로 해 보면 전혀 안 된다. 신체가 단련되어 있고 코어 힘이 제대로 잡히지 않으면 그런 움직임은 불가능하다. 시늉조차 할 수 없는 데다 자신에게 무엇이 부족한지 알지도 못한다.

　그런 좌절에서 모방이 시작된다. 따라 하지 않는다는 것은 자신의 '불가능'을 마주하지 않아도 되는 방식이다. 채점할 수 없는 시험을 보는 것과도 비슷하다. 그렇기에 신인 만화가에게 '모방'을 권한다. 존경하는 만화가의 작품을 따라 해도 좋다. 쉽게 따라 할 수 없으리라. 그저 그림을 흉내 내는 것은 간단하다. 하지만 스토리, 나아가 사상까지 모방할 수 있다면 그 사람은 그야말로 더는 신인이 아니다. 표면적인 구체를 따라 하는 것이 아니라 그 이면의 사상까지 이해하고 따라할 수 있기 때문이다. 그리고 따라 하는 대상은 반드시 창작물이 아니어도 좋다.

　캐리커처 또한 무척이나 훌륭한 현실의 모방이다. 애

초에 창작은 모두 현실의 모방이라는 사고방식도 가능하다. 캐리커처란 사진을 찍은 것처럼 그림을 그리는 것이 아니다. 그 사람'다움'을 간파하고 흉내 내는 것이다. 인상을 모방하기는 쉽지 않다. 예를 들어 앞머리가 비스듬한 사람의 특징을 돋보이게 표현한 그림을 그려 본다고 하자. 그것은 '비스듬한 앞머리'야말로 그 사람의 개성이라는 가설이다. 그것으로 인상이 비슷해지는지 확인한다. 그 가설과 관찰 사이클을 계속 반복한다. 만약 모방하지 않는다면 다음 관찰은 발생하지 않는다. 모방하기란 가설을 세운다는 말과 한없이 비슷하다. 모방하는 행위는 무한한 '가설 검증' 그 자체다.

　앞서 말한 캐리커처는 특징을 어디에서 찾았는가. 비스듬한 앞머리인가? 안경인가? 정말로 비슷한가? 자신의 가설을 성심껏 반복한다. 만약 아무것도 따라 하지 않고 제멋대로 그렸다면 거기에는 개선할 곳이 전혀 없다. 그 지치지 않는 가설 검증 속에서 보편성을 획득한 것을 세상에서는 '틀'形이라고 부르는 것 아닐까. 그렇다면 '틀'을 보잘것없는 것이라고 평가하지 말고 우선 철저하게 '틀'을 따라 하는 편이 나을 것 같다. '틀'을 배우는 것은 긴 역사를 거치며 살아남은 것을 철저하게 모방하는 행위다. 표면적으로만 '틀'

을 따라 하는 것이 아니라 '틀'이 만들어진 역사적 배경까지도 이해하고자 관심을 가지면 보다 심오해진다.

『드래곤 사쿠라』의 작가인 미타 노리후사는 신인 편집자였던 내게 만화는 틀에 맞춰 그리는 것이라고 몇 번이고 가르쳐 줬다. 그리고 만화에 등장하는 캐릭터 사쿠라기도 작중에서 반복해서 틀의 중요함을 설파한다.

틀이 없는 독창성은 독선

'틀'을 몸에 익히는 행위 자체가 관찰과 궤를 같이한다. 틀을 따라 하는 가운데 자연스레 가설 검증의 사이클이 돌고, 대상을 더 자세히 알게 된다. 관찰하지 않으면 틀이 몸에 익지 않으며, 틀이 몸에 익으면 관찰의 정밀도도 오른다. 틀을 외울 때, 처음에는 우직하게 암기하면 충분하다. 하나하나 행위의 의미를 이해하고 싶어도 이해에 필요한 개념을 가지고 있지 않기 때문이다. 어느 정도 틀을 암기하면 자연스레 틀을 사용하게 되고, 대상을 더 자세히 알게 되면 행위에도 자기 나름의 생각이 담기게 된다. 자기 생각이나 호불호를 배제하고 시작한 '따라 하는' 행위로부터 자연스레 자신

「틀」없이 네가 뭘 할 수 있다는 거지?

아무것도 없이 너 혼자 오리지널을 만들 수 있다고 생각한다면 큰 착각이야!

창조는 일단 모방에서 시작되는 거다!

미타 노리후사, 『드래곤 사쿠라』(2권)

의 욕망과 관심이 샘솟는다. 이는 디스크립션에서도 마찬가지다. 모든 것을 언어화하고자 시도하다 보면 '이 부분이 중요하구나'라고 여겨지는 부분이 자연스럽게 보이기 시작한다.

이렇게 틀을 갱신했을 때야말로 '독창성'이 나타난다. 반대로 틀을 갖추지 못한 채 자기 멋대로의 방식으로 도달하는 것은 대개 이미 존재하는 틀의 저급한 버전일 때가 많다. 관찰은 만화가나 소설가에게만 도움이 되는 것이 아니다. 관찰력은 모든 인간에게 필요한 능력이다. 그렇기에 다른 분야에서 성공한 사람이 어떤 식으로 관찰하는지 알면 도움이 된다. 내가 자주 관찰하는 대상은 요리사다. 요리를 먹으면서 어떤 관찰 과정을 거쳐 그 요리가 만들어졌는지 생각해 보곤 한다. 밥을 매일 레스토랑에서 먹으니 타자의 관찰력을 관찰하는 연습으로서는 제격이나. 우선 관찰하는 지점은 그 요리사가 레시피 그대로 재현하는 도전을 했는지, 그리고 그 레시피를 넘어서는 새로운 레시피를 개발하려 노력했는지 하는 것이다.

나는 요리사를 세 가지 유형으로 구분한다. 요리사가 ① 같은 장르의 요리만 관찰하는 유형, ② 다른 장르의 요리도 관찰하는 유형, ③ 사회 전체를 관찰하는 유형인지에 따라서다. 여기서 세 번째 사회 전체를 관찰하면서 요리에 적용하는 유형의 요리사는 레시피뿐만 아니라 레스토랑의 공간과 먹는다는 행위 그 자체마저도 갱신하고자 한다.

교토 요리 전문점 기노부木乃婦의 다카하시 다쿠지高橋拓児는 압도적인 관찰력을 지니고 있으며 전통적이면서도 혁신적이어서 내가 매우 존경하는 요리사다. 그의 이야기 중에 무척이나 인상 깊었던 지점이 있다. 다카하시 다쿠지는 교토 요리의 틀을 배운 후에 이대로라면 자신이 세부적인 것에 너무 집착해서 틀만을 고집하게 될 것이라고 느꼈다. 그래서 자신이 좋아하는 요리 이외의 분야를 공부하러 나섰고, '좋아하는 분야×요리'라는 스타일을 구축했다. 지금은 당연한 듯 여겨지지만, '와인×교토 요리'는 다카하시가 만들어 낸 흐름이다. 그 밖에도 '전통 가무극能×교토 요리', '그릇×교토 요리' 등 조합 대상을 바꿈으로써 점점 독창성이 넘치는 요리를 계속해서 선보이고 있다. 그런 다카하시도 처음에는 '프랑스 요리×교토 요리'처럼 비슷한 분야와의 조합에서 시작해서 점점 서로 다른 것과 조합하게 되었다고 한다.

독창성이란 틀이 없는 것이 아니다. 독창성은 틀과 틀을 조합할 때 생겨난다. 서로 상이한 틀과 틀을 어떻게 조합하는지가 혁신을 빚어낸다. 그렇기에 "혁신은 변경_{邊境}에서 생겨난다"라고 말하는 것이다. 독창성이 있는 것을 만들기 위해서는 틀을 갖추고 변경에 가야만 한다.

우선 이야기의 틀을 충실히 따른다!

나는 '코르크 랩 만화 과정'이라는 만화가를 위한 학과를 맡고 있다. 만화가를 꿈꾸는 사람은 어떻게 하면 독창성이 있는 작품을 그릴 수 있을지, 다른 사람과는 차별화된 개성 있는 작품을 만들 수 있을지 알고 싶어서 이곳을 찾아온다. 하지만 강좌에서는 일단 '이야기의 틀'을 전한다. 수강생들은 처음에는 헛다리를 짚었다고 생각하지만, 나중엔 틀을 암기하여 자신도 상상하지 못한 수준의 좋은 작품을 완성한다.

이야기는 '틀'에 따라 만드는 편이 좋다는 것은 나만의 독자적인 주장이 결코 아니다. 할리우드에서는 꽤 당연하게 받아들여지고 있으며 대학에서 배우기도 한다. 이야기에 틀이 있다는 것은 과거 아리스토텔레스가 『시학』에서도 논한 바 있으며, 거기에서도 이미 본질적인 내용은 충분히 논의되었다.

'틀'을 최대한 충실하게 지키며 만들어진 대표적인 작품은 『스타워즈』 3부작이다. 조지 루커스는 미국의 신화학자 조지프 캠벨의 영향을 많이 받았다. 조지프 캠벨은 고금의 영웅 신화를 비교, 연구했고 거기에 신화의 기본 구조가 있다는 점을 찾아냈다. 『천의 얼굴을 가진 영웅』에서 조지프 캠벨은 세계에서 가장 오래된 영웅담 길가메시의 모험부터 오디세우스, 일본의 이자나기와 이자나미, 마호메트, 노자, 부처의 수행까지, 동서고금의 신화나 민화에 등장하는 '영웅'의 모험을 융 심리학의 원리를 사용해 연구했으며, 거기에서 공통으로 찾은 기본 구조를 언어화했다. '영웅의 여정'hero's journey이라고 불리는 그 틀은 크게 다음과 같이 분류할 수 있다.

(1) 분리separation(여행을 떠남) → (2) 통과의례initiaion → (3) 귀환return

다만 조지프 캠벨의 틀은 다소 추상적이다. 조디 아처와 매튜 조커가 쓴 『베스트셀러 코드』The Bestseller Code에서는 텍스트 마이닝 전문가가 5천여 권의 소설에 나온 단어를 기계로 분석하여 이야기의 틀을 추출했다. 여기에서는 어떤 감정 곡선을 그리는지에 따라 이야기의 틀을 일곱 가지로 분류한다.

(1) 희극 (2) 비극 (3) 신데렐라 스토리 (4) 갱생형
(5) 여행과 귀환 (6) 탐구형 (7) 몬스터 퇴치

이 틀을 암기한 다음 영화를 보거나 소설을 읽을 때 어떤 틀에 부합하는지 분류해 보자. 그러면 작품을 맛보면서 틀을 몇 번이고 의식하면서 틀에 대한 이해가 깊어진다.

코르크 랩 만화 과정의 6개월간의 수업에서는 32페이지의 단편을 완성한다. 틀의 중요성을 이해하게끔 유도하면서, 나아가 구체적인 8막 구성의 틀을 수강생에게 전한다. 여기에서는 각각의 막에 관한 상세 사항까지는 설명하지 않겠지만, 이런 틀을 사용하면 전하고자 하는 바를 전하기 쉬워진다. '틀'은 관찰하기 위한 도구이며, 이야기의 틀을 사용하면 기억에도 잘 남으며 되돌아보기도 쉬워진다. 틀은 단순하더라도 확실히 개성 있는 이야기가 탄생한다. 물론 틀에 개성이 존재하지는 않는다. 그렇다면 독창성

일곱 가지 이야기 틀

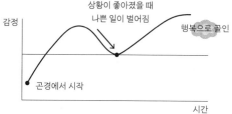

틀1

주인공이 **어려운 상황**에서 **행복**을 향해
점차 나아가는 스토리(희극)

상황이 좋아졌을 때
나쁜 일이 벌어짐

감정

행복으로 끝인

곤경에서 시작

시간

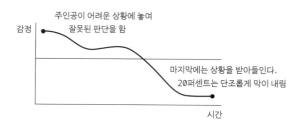

틀2

주인공이 **슬픈 현실**에서 어려운 상황을
받아들이는 스토리(비극)

주인공이 어려운 상황에 놓여
잘못된 판단을 함

감정

마지막에는 상황을 받아들인다.
20퍼센트는 단조롭게 막이 내림

시간

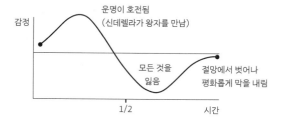

틀3

주인공이 **성장**해 가는 스토리(신데렐라 스토리)

운명이 호전됨
(신데렐라가 왕자를 만남)

감정

모든 것을
잃음

절망에서 벗어나
평화롭게 막을 내림

1/2

시간

틀 4

주인공이 **변화**를 경험하고 새롭게 태어나며
변모하는 스토리(갱생형)

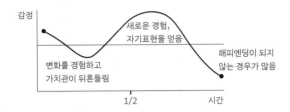

감정

새로운 경험,
자기표현을 얻음

변화를 경험하고
가치관이 뒤흔들림

해피엔딩이 되지
않는 경우가 많음

1/2　　　　　시간

틀 5

주인공이 **전혀 다른 세계**를 직면하고, 거기에서 매력을
느끼면서도 **시련을 경험**, 최종적으로 **극복**하여 원래 세계로
돌아가는 스토리(여행과 귀환)

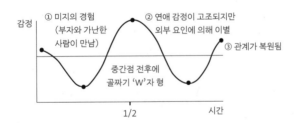

감정

① 미지의 경험
(부자와 가난한
사람이 만남)

② 연애 감정이 고조되지만
외부 요인에 의해 이별

③ 관계가 복원됨

중간점 전후에
골짜기 'W'자 형

1/2　　　　　시간

틀 6

주인공이 무언가를 원해서 **모험**을 떠나는 스토리(탐구형)

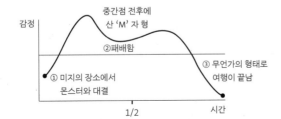

중간점 전후에
산 'M'자 형

감정

②패배함

① 미지의 장소에서
몬스터와 대결

③ 무언가의 형태로
여행이 끝남

1/2　　　　　시간

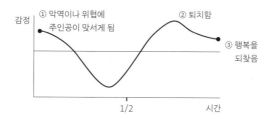

틀7
주인공이 어쩔 수 없이 **맞서게** 되고, 마지막에
행복을 맞이하는 스토리(몬스터 퇴치)

은 어떻게 탄생할까. 그 흐름은 이렇다. 틀에 의해 '이야기의 전달'이 담보된다. 그 틀 속에 쓰는 사람의 '기억'이 채워진다. 그 기억 부분에 개성이 깃든다. 따라서 이야기는 이런 식으로 나눌 수 있다.

이야기 = 이야기의 틀 × 자신의 기억(체험)

독창성에만 집착하며 따라 하기를 싫어하는 사람은 형식 없이 자유롭게 말하고자 한다. 하지만 그렇게 하면 일단 전해지지 않는다. 자신이 말하고 싶은 기억과 체험을 이야기의 틀에 넣어서 말해야만 전해진다. '이야기의 틀'이란 사람의 흥미를 유지하기 위한 가장 효과적인 장치다. 따라서 그것을 이용하지 않을 이유가 없다. 다시 말하지만, 독창성은 틀과 틀의 조합과 거기에 들어가는 자신의 기억을 통해 생겨난다. 이때 틀은 가능한 한 단순하고 보편적인 것이 좋다.

그렇다면 모방을 하는 것이 왜 좋을까. 계속 모방을 하다 보면 틀의 존재를 깨닫는다. 그리고 그 틀이 왜 생겼는지를 자기 나름대로 생각해 보며 틀이 몸에 익는다. 틀을 통해 관찰하고 가설을 세울 수 있게 될 때까지 계속 따라 하며 틀을 몸에 익히는 것을 항상 염두에 두어야 한다.

5. 자신만의 척도를
키운다

이 책은 쓰는 것이 쉽지 않았다. 관찰에 관해서는 오래도록 생각해 왔고, 다양한 사례를 말할 수 있기에 책으로 정리하기가 그리 어렵지 않으리라 생각했다. 이 책은 내가 대필가와 함께 앉아 관찰에 관한 생각을 말하며 목차를 만들고 대필가가 문장을 썼다. 그리고 그 문장을 내가 수정하는 방식으로 완성됐다. 즉 이 책은 내 머릿속에 있는 관찰이라는 개념을 대필가가 한 번 디스크립션하고, 그것을 내가 정리하면서 문장으로 만든 것이다. 디스크립션을 하다 보면 물음과 가설이 생겨난다고 적기는 했지만, 그 일이 그야말로 내게도 일어났다. 말로 표현하니 더 깊이 알게 되었고 의문점이 늘어났다. 그중 몇 가지 의문점이 해결되지 않아 그 생각에 빠져들었고, 그러다 보니 전혀 문장이 나아가지 않았다.

아킬레스와 거북이의 예를 든 것처럼, 더 많이 알게 될수록 새로운 의문이 샘솟는다. 거기에 대응하다 보니 아킬레스가 평생 거북이를 쫓아가지 못한 것처럼 책이 완성되지 않았다.

실용적 성격을 가진 책의 틀 안에 내 생각을 넣어 보니 말의 정의가 모호하다는 점을 스스로 깨달았다. 나는 '척도'라는 말을 자주 사용하지만 이 말을 '안경'이라는 말과 혼동할 수 있다는 사실을 알게 됐다. 여기서 '안경'이란 앞 장에서 정의한 세 가지 '인지 편향, 신체·감정, 맥락'이다. 이 세 가지는 우리가 관찰할 때 영향을 끼친다고 했다. 한편 척도는 눈금이 제멋대로 바뀌어서는 곤란하다. 즉 안경은 자유롭게 바꿔 낄 수 있다. 하지만 척도는 언제나 흔들림 없는 가치관의 비유로 나는 사용하고 있다.

가설을 만들기 위해서는 무언가 기준이 필요하다. ① 디스크립션에 의해 만들어진 말 ②정성적定性的 데이터 ③정량적 데이터 ④틀. 이 네 가지가 기준이 되어 가설이 태어난다. 자기 외부를 관찰하여 가설을 만들고 다시 관찰을 반복한다. 여기에서는 자신의 내부를 관찰하여 기준이 되는 것을 찾는다. 그때 찾아야 할 것이 척도다. 척도란 흔들리지 않는 자신의 가치관을 말한다. 그렇다면 구체적으로 어떤 것일까. 나 자신을 예로 들어 볼까 한다.

　나는 출판사를 그만두고 직접 창업했다. 그건 왜일까. 어떤 가치관에 따른 것일까. 더 자유롭게 일하고 싶어서? 그게 아니면 더 많은 보수를 원해서? 창작자를 돕고 싶어서? 그렇다면 왜? 나는 묘비에 뭐라고 새겨지면 스스로를 자랑스럽게 생각할까? 이런 자문자답을 반복했다. 그리고 내가 도달한 답은 '배우고 싶어서'였다. 이 가치관에는 이유가 없다. 물음의 종착점일 뿐이다. 나는 평생에 거쳐 배움의 숙련자가 되고 싶었다. 그렇다면 왜 한 개인으로서 이를 행하지 않고 회사를 세웠을까? 그리고 왜 그것을 지속하고 있는 것일까? 이런 자문자답을 또 반복했다. 그러고 나서 도달한 결론이 "내가 얻은 배움을 타인과 나누고 싶다"라는 내 욕망이었다. 배움의 연쇄 작용을 일으키고 싶은 것이다. '알겠다!'라는 감상을 개인의 머릿속이 아니라 타자와의 관계에서도 일으키고 싶었다. 즉 "배움의 숙련자가 되고, 배움을 타인과 나누고 싶다"가 나의 척도다.

　우리 회사에는 이런저런 업무 의뢰가 많이 온다. 그때마다 그런 의뢰를 이 척도에 가져다 대본다. 이 기획은 나에게 새로운 배움이 될까, 그 배움을 나눌 수 있을까 묻는다. 그리고 만약 답이 '그렇다'라면 어떤 배움을 얻을 수 있고 어떤 배움을 전할 수 있는지 가설을 세운다. 이 책은 "관찰력이 중요하다"라는 내 평소의 주장에 대한 정밀도를 높이고, 함께 일하는 만화가들에게 내 생각을 더욱 상세하게 전하는 데 도움이 될 것 같았다. 그렇기에 나는 받아들이기로 했다.

코르크라는 회사를 예로 들어 보자. 코르크의 미션은 '이야기의 힘으로 한 명 한 명의 세계를 바꾼다'이다. 나는 작가와 기획에 관해 대화할 때나 직원들과 굿즈나 이벤트에 관해 대화할 때 "이야기의 힘으로 한 명 한 명의 세계를 바꾸는가?"라고 묻는다. 그리고 "어느 정도 바꿀 수 있나? 어떻게 바꿀 수 있나?"라고 가설을 세운다.

척도는 '북극성'으로 바꿔 말할 수도 있다. 흔들리지 않기에 북극성을 표식으로 삼아 가설과 현실의 차이를 관찰할 수 있다. 척도는 처음부터 가지고 태어나지 않는다. 자문자답을 반복하면서 도달한다. '그것으로 좋다'라고, 특별한 이유도 없이 스스로 받아들일 만한 답이 나올 때까지 반복하는 수밖에 없다. 계속 모방하며 틀을 배우는 과정에서 세상을 보는 시야가 넓어졌을 때, 자신과 세상 사이에 생겨난 어긋남이나 위화감에서 떠올리게 되는 것이다.

창업 초기 코르크의 미션은 '마음을 전한다'였다. 그것은 출판사에 있던 무렵, 작품이 많은 사람에게 가닿기 쉽지 않다고 느꼈던 것에서 시작됐다. 인터넷 때문에 유통 붕괴가 일어나고 있었다. 작가가 몸과 마음을 담아 만든 작품이 제대로 독자에게 전해진다는 느낌이 들지 않았다. 그렇다면 인터넷을 통해 감동을 전하는 회사를 만들자, 그렇게 생각해 시작했지만 아무래도 확 와닿지 않았다. 나는 그 사람의 마음에 가닿을 수 있었나, 매일 스스로 물음을 던질 뿐 물음과 가설이 이어지지 않았다. 그 위화감을 계속해서 생각했다. 그러다 우선 '우리가 이야기의 힘을 믿는다'라고 선언해야만 하는 것 아닐까, 생각했다. 그렇게 생각하니 전하는 것만이 아니라 만드는 부분까지도 관여하는 회사라는 자각이 직원에게도 생겨났다. '전한다'가 아니라 '한 명 한 명의 세계를 바꾼다'라면 보다 주체적으로 굿즈나 이벤트를 기획할 수 있다. "작품의 사상을 전할 수 있는 굿즈는 무엇일까?"라고 묻는 것보다 "작품의 사상을 전하고 한 명 한 명의 세계를 바꿀 수 있는 굿즈인가?"라고 묻는 편이 기획을 더 갈고닦을 수 있다.

　이런 식으로 자문자답을 반복하다 보니 나는 나 자신과 코르크의 가치관을 척도로 진화시켰다. 다만 이 척도는 너무 꽉 틀어쥐면 융통성 없는 완고함을 빚어내고 만다. 어디까지나 현실을 관찰하기 위한 도구이자, 계속해서 업데이트해야 하는 것으로 생각해야 한다. 그렇게 파악하면 가설을 도출하는 도구로 활용할 수 있다.

제3장

관찰은 어떻게 왜곡되는가

:

인지 편향

사람은 자신이 보고 싶은
것만 본다

"제 적은 대체로 접니다."

『우주형제』에서 뭇타가 이런 말을 하는 장면이 있다. 이 뭇타의 대사를 '라이벌과 경쟁하는 것이 아니라 자신이 할 수 있는 것을 하는 수밖에 없다'라는 식으로 받아들이는 것이 일반적이다. 하지만 관찰이 무엇인지 사고하고 편향을 바탕으로 생각하면 생각할수록 이 대사의 깊이를 느끼지 않을 수 없다. 이 세상을 올바르게 인지하고 행동하는 것을 방해하는 것은 그야말로 자신의 뇌다. 자신과 어떻게 마주하면 좋을까. 그것이 결국 전부다.

자신의 존재 자체가 깨달음을 방해한다는 사실을 보여 주는 좋은 예가 최근에 있었다. 내겐 아들이 셋 있다. 아들을 보다 보면 유전자의 힘이 대단하다고 느낀다. 그 말인

다들 우주가 좋아서 일하는 사람들이니

좋은 거 아닌가요, 「동료」로서.

아니요.

없다기 보다…

그럼 자네에겐 적이 없다는 건가?

…………

제적은

대체로 접니다.

코야마 츄야, 『우주형제』(11권)

즉슨, 우리 아버지와 우리 아들이 완전히 같은 표정을 짓는 것이다. 눈썹을 찌푸리는 모습 같은 사소한 표정이 똑같다. 함께 사는 것도 아닌데 이런 부분이 닮았다니! 그것도 나를 건너뛰고 격세 유전이라니! 하고 놀라곤 했다.

코로나19 사태로 온라인 회의가 늘었다. 사진이 아닌 움직이는 내 모습을 보며 나는 당연한 사실을 이제야 깨달았다. 아버지와 아들이 격세 유전으로 닮은 것이 아니었다. 나와 아버지가 닮았고 나와 아들이 닮은 것뿐이었다. 이런 간단한 사실을 깨닫기까지 얼마만큼의 시간이 걸렸는지. 이전에도 많은 이들에게서 아버지와 내가 닮았다는 말을 들었지만, 나는 주변에서 생각하는 것만큼은 닮지 않았다고 마음대로 생각했다. 자기 행동은 동영상으로 찍어서 보거나 하지 않는 이상 그 특징을 스스로 인식할 수 없다. 자기 자신이란 존재를 관찰의 대상으로 삼기란 정말로 어렵다.

우리는 관찰하는 주체임과 동시에 관찰당하는 대상의 일부이기도 하다. 그렇기에 자신의 존재를 객관적으로 관찰하기 어렵다. 이를 실감하는 사례는 그 밖에도 많다. 그중 하나가 일본 내 여기저기에서 듣는 '지구에 상냥하게'라는 취지의 자연보호 활동이다. 당연히 자연보호는 중요하며,

이산화탄소 배출량을 줄이는 것도 중요하다. 하지만 그것은 인간을 위해 중요할 뿐, 사실 지구를 위한 것은 아니다. 지구의 긴 역사를 보면 동물뿐만 아니라 식물까지도 신참내기다. 역사의 긴 시간 동안 지구는 이산화탄소에 뒤덮여 있었다. 이것이 지구에게는 '자연스러운' 상태이며, 새로운 침입자인 식물 때문에 산소라는 독이 뿜어져 나오고 있다는 견해도 있을 수 있다. 만약 지구에 의사나 호불호가 있다면 산소에 뒤덮인 현재 상태를 지구가 유쾌하지 않다고 느낀다고 해도 이상하지 않을 것이다.

집 안이 더럽다고 해서 집이 가엽다고는 생각하지 않는다. 내가 집을 더럽혔으니 나를 위해 집을 깨끗이 청소해야겠다고 생각할 뿐이다. 대상이 집이라면 자신의 존재를 의식해서 사고할 수 있지만, 대상이 '지구'처럼 커다래지면 그 순간 객관적으로 판단하기 어려워진다. "지구에 상냥하게"라는 종류의 말은 지구에 감정 이입하여 모두가 행동할 마음이 들도록 하는 마케팅 수법에 불과하다. "그건 당연하지. 인류에게 상냥하라는 의미로 이해하는 사람이 대부분이다"라고 반론하는 사람도 있으리라. 하지만 나는 이 말에서 '이 지구를 자신들의 편의에 맞는 장소로 생각하고 싶다'라는 인류의 욕망을 관찰하지 못하는 사람이 많지 않을까 생각한다. 인류나 자신을 관찰 대상 바깥에 놓아 버리는 것이다.

인지 편향, 신체·감정, 맥락. 관찰을 방해하는 이 세 가지 요소를 나는 '안경'이라고 불렀다. 사람은 이 '안경'에게서 무의식적으로 반드시 영향을 받는다. 이를 계속 의식하기란 무척이나 어렵다. 안경의 존재를 의식하느냐 마느냐로 관찰의 결과는 180도 달라진다. 그중에서도 특히 관찰을 왜곡하는 안경이 바로 '인지 편향'이다. 이것은 자신의 편견이나 주변 환경과 같은 다양한 요인에 의해 비합리적인 판단을 하는 심리 현상을 말하는데, 사람은 거기에서 완전히 벗어날 수 없다. 나 자신을 포함해 누구나 무언가에 인지 편향을 가지고 있으며, 그 영향을 받는다.

앞서 말한 나와 아버지가 닮았다는 이야기는 '아버지와 나는 다르다'라는 믿음으로 현실을 바라보다가 나이를 먹고 '나와 아버지는 같다'라는 깨달음을 토대로 바라보게 되었더니 생각이 바뀌었다는 이야기이기도 하다. 이것도 대상을 보는 방식에 큰 영향을 끼치는 인지 편향의 소행이다.

나는 심리학자는 아니지만 어떻게 하면 인지 편향을 관찰에 활용할 수 있을지 알고 싶어서 꽤 많은 조사를 했다.

그런 후에 내린 결론은 결국 편향으로부터 도망칠 수는 없다는 점이다. 사람은 인지 편향의 영향을 언제나 받는다는 사실을 자각하고, 그것을 의식하면서 사물을 보거나 판단해야 한다. 이번 장에서는 관찰을 왜곡하는 인지 편향 중 전형적인 것 몇 가지를 살펴본 후에 그것을 무기로 바꿔서 사용할 수는 없을지 알아보려 한다.

신념을 보완하고 편견을 이용한다
: 확증 편향

내가 편집자로서 어느 정도 성공을 거둔 이유는 확증 편향이 맹렬할 정도로 강했기 때문이다. 편견이 강하기에 노력할 수 있었다. 만약 주변 의견에 좌우됐다면 성공하기 전에 포기해 버렸을지 모른다. 성공하기까지 실패는 실패가 아니라고 생각하는 사람은 확증 편향을 제대로 사용한다고 말할 수 있다. 관찰에는 '가설'이 빠질 수 없다. 가설을 가진 채로 세상을 관찰하다 보면 그 가설을 보강하는 정보만 눈에 들어오고 그것 이외의 정보를 배제하기 쉽다. 그것이 '확증 편향'이다. 예를 들어 '우주'에 관심을 가지면 서점에서든 인터넷에서든 우주와 관련된 정보만 눈에 들어온다. 서점이나 인터넷상에 우주 관련 책이나 정보가 갑자기 늘어난 것도 아니다. 그저 자신의 관심이 그것에 집중된 것뿐이다.

내가 코야마 츄야의 『우주형제』 연재를 고심하던 20
08년 무렵에는 우주에 관한 사람들의 관심이 지금만큼 크
지 않았다. 우주는 특별한 소수에게만 해당되는 먼 공간이
라고 생각했고, 우주 산업이나 유인 우주선 개발 시대는 이
미 끝났다는 부정적인 인식도 많았다. 하지만 나는 우주 산
업이 일본에서도 일반적인 산업이 되고 많은 사람이 관심
을 가지게 되리라 믿었다. 그러자 자연스레 그것을 뒷받침
하는 정보가 눈에 들어왔고, 분명 그럴 것이라는 확신을 얻
어 우주를 테마로 한 작품을 만들자고 제안했다.

확증 편향이라는 말을 들으면 얼핏 부정적으로 느껴
질지 모른다. 하지만 반드시 그렇지는 않다. 오히려 나는 확
증 편향이 다른 사람보다 훨씬 강했기에 히트작을 만들 수
있었다. 『우주형제』가 연재되기 전 코야마 츄야의 재능을
믿었던 것도 확증 편향 덕분이라고 말할 수 있다. 고단샤의
만화 잡지 『모닝』의 신인상에 응모한 코야마의 작품을 읽
고 나는 감동했다. "이 작품이 서점에 놓이면 나는 틀림없
이 돈을 내고 살 거야! 그리고 무척 만족하겠지"라고 생각
했다. 신인상 선정 회의에서는 "조금 색다른 작풍이기에 팔
기 어렵지 않을까"라는 우려의 목소리도 나왔다. 그때 나는
선배 편집자의 말을 듣지 않았고, 그런 의견을 내는 사람은

그저 잘 몰라서 그런다고 생각했다. 그래서 선정 회의 후에 당시 코야마가 살던 오사카까지 곧장 신칸센을 타고 만나러 갔다. "코야마 씨와 함께 작품을 만들고 싶다!"라는 마음이 내 안에 샘솟아서 멈출 수 없었다.

그렇게 함께 만든 스키점프를 테마로 한 『하루 점프』라는 작품은 결과적으로 몇천 부밖에 팔리지 않았다. 『모닝』의 신인 작품으로는 참패다. 하지만 그런 결과에 내몰리고도 또다시 "그저 판매량이 나빴던 것뿐이지, 작품 자체는 훌륭했어. 코야마 츄야의 재능을 세상에 알리도록 더욱 노력하자"라며 나 자신을 격려했다. 코야마 츄야를 만나다 보니 그의 사소한 언행을 보고도 "이노우에 다케히코*와 닮았어. 재능이 있다는 증거야!"라는 믿음이 샘솟았다. 코야마는 원래 자나 도구를 사용하지 않고 손으로만 선을 그렸기에 나는 "자를 써서 깔끔한 선으로 그려 보세요"라고 조언했다. 그러자 그는 자에 커터칼로 흠집을 낸 후 비뚤비뚤한 선을 그려서 내게 보여 줬다. 그런 그의 행동을 보고 고분고분하지 않아 다루기 어렵다고 생각할 수도 있었겠지만, 나는 오히려 "전한 것을 받아들이고 거기에서 더욱더 고민하다니, 역시 재능 있어!"라고 생각하며 더욱 코야마에게 반했다. 이런 마음의 움직임도 확증 편향 때문이라고 볼

수 있으리라. 편향의 영향이 있을지도 모른다고 냉정하게 생각할 때도 있지만, 그 편향 덕에 상대와 더욱 깊은 관계를 쌓을 수 있다면 좋은 활용법이라 할 수 있다.

소설가 히라노 게이치로에 대한 마음도 마찬가지다. "히라노 씨는 일본인 중 가장 노벨상 수상에 어울리는 사람 아닐까" 하는 가설을 토대로 그의 에이전시를 맡고 있다. 미타 노리후사 작가도 그렇다. 미타의 『구로칸』クロカン을 읽었을 때 이 재미를 세상에 알리고 싶다는 생각에 『드래곤 사쿠라』를 편집했다. 자신의 가설을 강화하는 정보를 봤을 때, 그것을 부정하지 않고 더욱더 믿기 위한 쪽으로 굳이 사용한다. 확증 편향을 의식적으로 사용하면 타자와의 개인적인 관계에서는 더욱 상대에 대한 존경심이 깊어지며 자신의 정열을 높이는 등의 좋은 방향으로 작용한다. 일이 제대로 풀리지 않을 때가 있더라도 "괜찮아, 할 수 있어"라고 자신을 격려할 수 있다.

확증 편향은 무기가 될 때도 있지만 "조금 더 제대로 조사하면 좋았을 텐데, 왜 주변의 목소리에 냉정하게 귀를 기울이지 못했을까" 하고 후회하게 만들 때도 물론 있다. 20대 후반 무렵 편향에 대해 많은 것을 배우게 된 이후, 확증 편향을 과하게 의식하다 보니 오히려 지나치게 조심스러워질 때도 있었다. 내 가설이 올바르다는 것을 증명하는 정보가 제아무리 많이 모여도, 이는 확증 편향 탓일지도 모른다는 의심에 더욱 많은 정보를 모으려 노력했다. 확증 편향을 의식해 타자를 믿는 것은 좋은 일이지만, 사업에서는 리스크를 보지 못하게 된 것 아닌가 하는 생각에 의사결정이 무뎌지기도 한다.

지금까지의 만화는 기존처럼 '좌우로 펼치는 구조'와 '흑백 인쇄'가 당연하다고 여겨져 왔다. 하지만 한국에서는 만화를 스마트폰으로 읽는 것이 주류가 되어 '웹툰'이라고 불리는 '세로 스크롤 구조'와 '풀컬러' 포맷이 중심이 되었다. 예전에는 웹툰 형식으로 만화를 보는 것은 한국뿐이었다. 일본의 '좌우로 펼치는 책자형 구조'와 '흑백 인쇄' 방식이 확장할까, 아니면 한국의 '세로 스크롤 구조'와 '풀컬러' 방식이 확장할까. 나는 한국의 만화 중엔 재미있는 작품이 많지 않다고 느꼈다. 그럼 재미 없는 만화라도 그 형식이 확장될 수 있을까? 아니면 기존의 일본 만화도 충분히 보기 편하니까 이대로여도 괜찮은 것 아닐까? 스마트폰이 탄생했을 때, 기존의 게임 제작자가 스마트폰 소셜 게임에 했을 법한 비판을 나도 한국 만화를 대상으로 하고 있었다. 세로 스크롤 구조로 만화를 만드는 편이 좋은 것 아닐까? 세로 스크롤 만화를 만드는 방식에 관해 연구를 시작하는 편이 좋지 않을까? 그런 식으로 생각하면서도 확증 편향 때문에 세로 스크롤의 가치를 실제보다 높게 평가하는 것 아닐까 하고 주저했다.

2021년, 한국뿐 아니라 미국, 중국을 비롯한 전 세계 사람들은 세로 스크롤과 풀컬러 만화를 보는 것을 당연하게 여긴다. 평소 일본의 만화를 읽지 않던 사람에게는 그 형식이 지극히 자연스러운 포맷이다. 그 압도적인 기세를 보다 보면 그야말로 이 흐름은 피할 수 없다고 확신한다. 하지만 나는 그것을 깨닫는 데 6년이 걸렸다. 세로 스크롤에 대한 정보는 코르크를 창업한 2012년부터 눈여겨봤음에도 말이다. 물론 요인은 복합적이다. 나의 성공 경험을 버리지 못한 것 등 다양한 이유가 있지만 확증 편향을 너무 의식한 점이 영향을 끼쳤다는 사실은 분명하다.

현실을 보기란 정말로 어렵다. 지금은 큰마음 먹고 방침을 전환하여 작품 제작 체제도 한국과 중국을 참고로 삼는다. 일본 만화가 더 뛰어나다는 생각을 더 이상 하지 않는다. 스튜디오 형식을 도입해서 만화가 여러 명이 팀을 꾸려 한 편의 작품을 완성하도록 했다. 우선 세로 스크롤과 풀컬러 작품을 만들고, 그것을 바탕으로 책자형 만화를 만든다. 제작 순서를 기존과 완전히 뒤집었다. 편향은 진화 과정에서 얻어졌다. 그렇기에 이를 부정할 것이 아니라 어떻게 사용하느냐가 중요하다는 것을 통감하고 있다.

비관을 준비하는 힘으로 바꾼다
: 부정 편향

『드래곤 사쿠라』를 연재할 무렵, 인지 편향을 조사하는 와중에 내가 부정 편향에 큰 영향을 받고 있다는 사실을 깨달았다. 긍정적인 미래는 막연한 이미지밖에 품지 못하지만 부정적인 미래는 즉시 자세하게 떠오른다. 사실 그렇게까지 부정적인 일이 쉽게 일어나진 않는다. 그럼에도 비관적으로 변한다. 사람은 긍정적인 정보보다 부정적인 정보에 주의를 기울이기 쉬우며, 부정적인 정보를 더 쉽게 기억한다. 이것을 '부정 편향'이라고 부른다.

철학자 알랭이 『행복론』에서 지적한 "비관주의는 기분에 속하고 낙관주의는 의지에 속한다"라는 유명한 말은, 인간이란 부정 편향에 영향 받는 상태가 일반적이며 비관을 억누르고 낙관적으로 사고하려면 의지의 힘이 필요하다

제3장   관찰은 어떻게 왜곡되는가

는 점을 간결하게 설명한다. 자연에서 살며 어디에 위험이 도사리고 있는지 알지 못하던 시대에는 비관적이어야만 인간이 생존할 수 있었다. 부정 편향이 판단 시간을 줄여 인간의 생존을 도왔다. 이제 사회는 기본적으로 전보다 안전해졌다. 그런데도 부정 편향이 필요 이상으로 작용하여 사람을 불안에 빠뜨리고 행동을 방해할 가능성이 있다. 특히 학습 능력이 뛰어난 사람은 실패 방식도 다양하게 상상할 수 있다. 그렇기에 더더욱 두려워져서 자신이 행동하지 않는 이유를 논리적으로 설명하게 된다. 예를 들면 자연재해가 일어날지도 모른다, 사고를 당할지도 모른다, 돈이 다 떨어질지도 모른다, 죽어 버릴지도 모른다 하는 식이다. 하지만 일이 제대로 풀리는 경우에는 어떤 것이든 대개 비슷한 결과를 보인다. 목표로 삼은 성공에 다양성은 없다.

톨스토이는 『안나 카레니나』 서두에서 "모든 행복한 가정은 서로 닮았지만 불행한 가정은 제각각의 방식으로 불행하다"라고 썼는데, 이는 가정에만 한정된 이야기가 아니다. 인생도 마찬가지다. 현재에 집중하지 못하고 미래를 상상할 때, 머릿속을 채우는 것은 실패뿐이다. 하지만 실패의 모습이 다양하다고 해서 그것이 곧 실패할 확률이 높다는 것을 의미하지는 않는다는 사실을 깨달아야 한다. 머릿속에 떠오르는 행복한 모습이 1퍼센트이고 나머지 99퍼센트가 실패한 모습이라고 해도 99퍼센트의 확률로 실패하는 것은 아니다. 떠오르는 실패의 모습이 다양하기에 그것만을 상상하고 행동을 피하기 쉽지만, 막상 움직여 보면 어렵지 않게 실현되어 허무할 때도 많다.

벌어진 일은 전부 옳다

부정 편향의 영향을 너무 과하게 받지 않으려고 내가 의식해서 행하는 것이 있다. 그것은 '반추'하는 시간을 제대로 갖는 것이다. 행동하기에 앞서 나의 불안한 마음을 충분히 마주한다. 그다음 행동으로 옮기고 다시 한번 반추한다. 그러면 '떠올렸던 불안'은 실제로는 일어나지 않는 경우가 대부분이다.

부정 편향은 시점을 달리하면 '준비하는 힘'이라고도 말할 수 있다. 걱정이 많은 사람의 문제점은 걱정이 많다는 점 자체에 있지는 않다. 그들은 예상외의 사태가 벌어졌을 때 자신이 제대로 대응하지 못할까 걱정한다. 그렇기에 미리 다양한 패턴을 예상하고 준비한다. 하지만 예상대로 나아가지 않았을 때 현실을 받아들이지 못하면, 행동 자체를 피하게 된다. 나 또한 그다지 제대로 대응하지 못했고, 자주 분노를 표하곤 했다. 20대 무렵 내가 그렇게 행동하는 모습을 보던, 요절한 다키모토 데쓰후미 교수에게서 "'벌어진 일은 전부 옳다'고 생각하는 것이 중요"하다는 말을 들었다. 그때는 그럴 리가 없다, 옳지 않은 것을 옳게 만들어 가는 것이 중요하다고 생각했지만, 그 말은 이후 다양한 장면에서 머리를 스쳤다. 그리고 납득하기 어려운 장면을 만나면 마음속으로 "벌어진 일은 전부 옳다"라고 입으로 한번 되뇌어 보게 됐다. 그러자 옳지 않다고 생각하는 것은 그저 내 집착이 아닐까 하고 깨닫게 되었다. 벌어진 상황을 있는 그대로 받아들이고 다음은 어떻게 해야 할지를 생각할 수 있게 된 것이다.

최근에는 명상을 즐겨서 스님의 이야기를 자주 듣는다. 언젠가 한 스님으로부터 어떤 일이 벌어져도 "그냥 그런 것이다"라고 속으로 한번 읊어 보는 것이 좋다는 이야기를 들었다. 내가 경험하는 일은 대개 누군가가 이미 경험한 일이다. 나만 특별하게 비참한 일을 당한 것이 아니다. 인생은 그런 것이다. 그런데 어째선지 나만 운수 좋게 풀리면 좋겠다고 생각한다. 이제는 "그냥 그런 것이다"라고 중얼거리며 눈앞의 일을 받아넘긴다. 나는 "딱 좋은 기회다"라고 마음속으로 읊는 습관도 들였다. 벌어진 일을 변화의 계기로 삼는 방법이다.

부정 편향을 이용하여 나를 불안하게 하는 요소를 다양하게 상상하고 사전에 제대로 준비한다. 그리고 실전에서는 "예상외의 일이 벌어지는 것은 옳은 것, 그냥 그런 것"이라고 생각하고 그 순간을 즐기고자 한다. 상상대로 풀리지 않는 것을 즐기게 되면 행동에 나서는 것이 더는 무섭지 않다.

모두의 의견에 휩쓸리지는
않았는가: 동조 편향

나는 코로나19 사태가 벌어진 와중에 후쿠오카로 이주했다. 이유는 복합적이지만 동조 편향을 의식한 것도 그 이유 중 하나다. "일본은 동조 압력*이 강한 나라다"라는 말을 자주 듣는다. 하지만 그보다는 "동조 편향의 영향을 받는 사람이 많은 국민성"이라는 표현이 더욱 정확하지 않을까. 동조 편향이란 자신의 지론과 맞지 않더라도 "모두가 그렇게 말하니까"라는 이유로 대세인 의견을 지지하는 것을 말한다. 어떤 사람이든 열외 상태를 견디지 못하고, 나라와 기업의 우두머리까지 영향을 받는다. 하지만 다수 의견이라고 해서 항상 옳다고 단정할 수 없다. 줄곧 편향에 관해 알아보던 나도 깨닫고 보니 동조 편향에 빠져 있어서 깜짝 놀라기도 했다.

---

* 同調压力. 주위의 의견이나 행동에 맞춰야 한다는 무언의 압박.

코르크를 창업한 후 벤처 기업가와 마주하는 일이 늘었다. 최근 10년 동안 벤처를 둘러싼 환경은 비약적으로 좋아졌고, 지인들이 속속 회사를 주식 시장에 상장하고 있다. 그들과 만나면 좋은 자극을 받는다. 절친한 친구가 된 사람도 있다. 그중 아무도 내게 상장을 권하지는 않는다. 그런데도 그 커뮤니티 안에 있다 보면 상장을 목표로 삼아야 하지 않을까, 하는 의구심이 샘솟는다. 나는 코르크를 상장하고 싶은 생각이 없다. "이야기의 힘으로 한 명 한 명의 세계를 바꾼다"라는 미션에 상장이라는 수단이 필요하지는 않다고 현재 판단하기 때문이다. 상장에 대해서 일단 제대로 생각하고 있기는 하지만, 벤처 커뮤니티에 있으면 자연스레 같은 물음이 몇 번이고 오가게 되고, 결국에는 상장을 목표로 삼지 않는 것은 내가 너무 무른 탓 아닐까, 라는 생각까지 머리를 스친다. 나로서는 그것을 제어할 수 없다.

사람은 누구든 동조 편향에서 벗어날 수 없다. 우리가 할 수 있는 일은 그 영향을 가능하면 받지 않고 정말로 자신이 하고 싶은 것이 무엇인지, 그러기 위해 지금 나는 무엇에 시간을 써야 하는지에 집중하며 보다 중요한 축에서 흔들리지 않고자 노력하는 것이다. 40대는 어떤 일에도 미혹되지 않는다는 불혹이다. 나는 무엇을 하는 사람인지 스스로 깊게 이해하는 데 시간을 쓰고 싶었다. 그러려면 사는 장소부터 바꾸는 편이 좋지 않을까? 그런 생각으로 후쿠오카로 이주했다.

또한 나뿐만 아니라 주변 사람 또한 동조 편향의 영향을 받고 있지는 않은지도 의식적으로 생각하려 한다. 모노즈쿠리*는 고독한 작업이라고 흔히 말한다. 동조 편향의 영향을 받지 않으며 이루어지기에 개성 있는 물건을 만들 수 있다. 지금까지 만화가와 편집자는 일대일로 이야기를 나눴다. 그 환경도 동조 편향이 벌어지기 쉬운 환경은 아니다. 하지만 지금은 코르크 스튜디오라는 시스템 안에서 만화가들이 한 팀이 되어 하나의 작품을 만드니 창작자라고 해도 동조 편향의 영향을 받는다. 여러 명이 함께 작품을 만들다 보면 보다 좋은 작품이 완성되는 것이 아니라 동조 편향 때문에 평범한 작품이 될 위험도 커진다. 내가 운영하는 조직에서도 마찬가지다. 사장이 되고 나이를 먹으니 주변에 어린 직원이 늘었다. 나는 "당신과 대등하다고 생각하고 논의한다"라는 마음가짐으로 전과 마찬가지로 말하지만, 그렇게 해도 조직에 동조 편향이 작용하여 내 의견이 옳다는 분위기가 된다(이후 설명할 후광 효과도 작용한다).

세상을 놀라게 할 창작을 하려면 모두가 솔직하게 의

---

* ものづくり, '물건을 만든다'는 뜻의 합성어로 혼신을 다해 최고의 물건을 만든다는 의미.

견을 말하고 아이디어를 갈고닦아야 한다. 그렇다면 그 자리에 있는 사람의 심리적 안정성을 어떻게 확보해야 할까. 어떤 발언이나 행동을 하더라도 팀으로부터 존재를 부정당하지 않는다고 느끼는 것이 심리적 안정성이다. 심리적 안정성을 느끼며 발언한다면 동조 편향에서 자유로운 상태라고 말할 수 있다. 최근의 내 관심사는 내가 어떻게 하면 동조 편향에서 자유로워질까가 아니라, 어떻게 하면 심리적 안정성이 있는 팀으로 바꿔 나갈 수 있을까로 옮겨 가고 있다.

꼬리표를 붙이지 않고 '지금'의
상대를 본다: 후광 효과

높은 지위의 사람이나 유명한 사람을 앞에 두면 내 의견보다 상대방의 의견이 올바른 것이 아닐까 믿게 된다. 그것은 누구든 마찬가지로, 아무도 여기에서 자유로울 수 없다. 편향에서 벗어나기란 어렵다. 코르크를 창업한 당시, 그 사실을 통감하는 일이 잦았다.

창업하고 얼마 되지 않은 시기, 감사하게도 많은 사람이 채용 면접을 보러 왔다. 개중에 대기업 출신이 나타나면 '오, 이 사람은 괜찮겠군!' 하고 생각했다. 이제 막 창업한, 아직 아무것도 아닌 회사임에도 '대기업' 경력을 뒤로 하고 코르크를 선택해 준 것이니까. 나는 그저 '이 회사 출신이라면 괜찮겠지!'라며 믿었다. 이것이 전형적인 '후광 효과'라는 편향이다. '후광 효과'는 '헤일로halo 효과'라고도 불리는 데, 어느 인물이나 사물을 평가할 때 현저히 눈에 띄는 어느 한 특징에 치우쳐서 다른 특징에 대한 평가가 왜곡되는 경향을 말한다. 앞서 말한 동조 편향은 그 자리의 분위기에 따라 자신의 의견보다 주변 의견이 옳다고 생각하게 되는 편향이지만, 후광 효과는 상대방의 권위나 소속, 지명도 등에 치우쳐서 판단을 그르치는 것을 말한다. 그 당시의 나는 지금과 비교하면 면접자의 됨됨이를 제대로 보지 못했다. 경력이라는 후광 효과에 영향을 받아 상대를 판단했다. 이상적인 채용이란 그 사람의 능력은 물론, 회사의 성장 단계에 맞춘 조직과의 상성도 고려해야 하는데도 말이다. 요즘은 채용 시에 지원자의 경력을 전혀 보지 않고 사람을 뽑는 것이 세계적인 흐름이 됐는데, 그것은 채용의 달인이라도 후광 효과라는 편향에서 자유롭기 어렵기 때문이라는 사실을 대변한다.

세상을 둘러봐도 후광 효과로 인해 잘못된 정보를 받아들이는 사례가 많다. "비타민C가 감기 예방에 좋다"라는 말을 들어 본 적 있는 사람이 많을 것이다. 이는 1954년에 노벨화학상을 수상한 라이너스 폴링이 제창한 사고방식이지만, 실은 과학적 증거는 불충분하다고 한다. 하지만 많은 사람이 "노벨상을 받은 사람이 그렇게 말했으니 사실이

겠지"라고 믿었고, 제약회사도 그런 주장에 편승하여 기정 사실화해 지금도 전 세계에서 비타민C가 함유되어 감기를 예방한다는 표현을 광고에 사용한다. 그것이 후광 효과라는 것을 알아도 무의식중에 비타민C를 섭취한다. 이런 현상을 보면 편향의 강력함을 느끼지 않을 수 없다.

인지 편향은 사람의 판단을 왜곡한다. 후광 효과는 일상에 구조적으로 숨어 있기에 의식하기 어렵다. 면접 볼 때 경력을 묻는 것은 당연하다고 생각하기에 의심해 보는 것조차 좀처럼 쉽지 않다.

일기일회가 인생을 풍부하게 한다

후광 효과의 큰 폐해는 상대에게 꼬리표를 붙이고 관찰을 멈춰 버린다는 점이다. 대기업 출신이기에 능력이 좋다, 노벨상 수상자이므로 옳은 말을 한다……. 이렇게 사람은 상대방에게 무언가의 꼬리표를 붙이고는 그 사람을 전부 이해했다고 생각하며 본질을 관찰하려는 노력을 포기한다. 학력이나 지위는 상대방을 가늠하기 용이한 정보이지만,

그만큼 관찰이 중단되기 쉽다. 내가 '나다 고등학교*, 도쿄 대학 출신'이라는 사실을 알면 상대방은 나에 대한 관찰을 멈춰 버리곤 한다. 그 사실이 줄곧 마음속 어딘가에 걸렸다. 회사원이었을 때는 분명 '나다 고등학교, 도쿄 대학'이라는 학력이 신뢰와 직결되어 혜택을 받은 일도 많았다. 하지만 독립하여 회사를 만든 후 한 개인으로 상대방과 관계를 맺으려고 하면, 학력이나 벤처 창업자라는 간판이 방해가 되어 오히려 서로를 알기 전에 벽을 만드는 듯한 느낌이 들었다. 대다수 사람이 내가 많은 것을 안다고 믿는다. 하지만 절대 그렇지 않다. 학력은 고등학교, 대학교 수험 시기에 시험공부를 열심히 했다는 것을 증명하는 정도에 지나지 않는다. 거기에는 학창 시절 몇 년간 단순 작업을 잘 참아냈다는 것 이상의 정보는 없다. 내가 이런저런 것에 정통하고 늘 옳은 사실을 말하는 사람이라고 생각하는 것은 편향이다. 실제로 실패도 많이 경험했고 인간적인 과제도 품고 있다. 모든 사람과 일기일회一期一會의 감각으로 마주하는 것이 인생을 풍요롭게 만드는데, 후광 효과는 그 사상을 방해한다. 후광 효과로 직원이나 스태프 사이에 꼬리표를 붙인 관계가 형성되어 버리면 작업의 아웃풋에도 영향을 끼친다. 그렇기에 나는 상대가 가진 '정답을 알 것 같은 사도시마 요헤

* 효고현에 있는 고등학교. 손꼽히는 명문 학교다.

이'라는 이미지를 무너뜨리려 애쓴다.

거기에는 내 어린 시절의 체험이 영향을 끼쳤다. 중학생 무렵 나는 부모님의 일 때문에 3년을 남아프리카공화국에서 보냈다. 1990년대 전반은 마침 격변의 시대였다. 넬슨 만델라가 석방되고 데 클레르크가 아파르트헤이트를 철폐한 이후 만델라가 대통령이 될 때까지 그곳에서 살았다. 일본인은 명예 백인으로 취급받았으며, 집안일이나 청소는 전부 가정부가 도맡아 주는 생활이었다. 일본과 남아프리카공화국. 사는 장소가 달라졌을 뿐, 나는 아무런 노력도 하지 않았다. 그런데 받는 취급은 그야말로 달라져 버렸다. 내 인생은 지금 이 시대에 이곳에 태어난 운만으로 이루어졌다는 것을 강력하게 느꼈다. 그저 운일 뿐, 인간적인 차이는 없다. 사람은 모두 마찬가지다. 그런 인식을 가지고 사람을 바라보고 싶다, 사람과 접하고 싶다고 강하게 생각했다.

나는 사회적으로 지위가 있는 윗사람에게도 겁 없이 말해서 대단하다는 말을 자주 듣는다. 하지만 이는 성격 때문이 아니다. 간판이나 경력 같은 것에 내 태도가 영향을 받지는 않는지 민감하게 느끼며 살기 때문이다. 편향 탓에 타인에 대한 이해를 소홀히 하고 싶지 않다. 후광 효과의 영향을 받지 않고 대등하게 이야기하려 노력할 뿐이다. 최근 나는 지두 크리슈나무르티라는 사상가의 말에 큰 영향을 받고 있는데, 그가 한 말 중에 이런 말이 있다.

"그는 이런 사람이다"라고 말하지 말고 "2월에 그는 이런 사람이었다"라고 말하는 것이 무척 중요합니다. 왜냐하면 그해가 끝날 무렵에는 완전히 달라져 있을지도 모르기 때문입니다. 중요한 것은 자신의 선입견이나 고정관념, 의견이 아니라 언제나 생생한 마음으로 다른 사람을 만나는 것입니다.

그 사람을 지금의 그 사람으로서 바라본다. 요즘은 인터넷을 통해 과거의 발언이나 행동을 쉽게 축적하고 참조할 수 있게 됐다. 일관성 있는 사람이 멋지다는 가치관이 우세하는 이유는 지금의 그 사람을 관찰하고 이해하며 판단하기 어렵기 때문이리라. 분명 그렇긴 하지만 지금 있는 그대로의 그 사람을 바라보고자 도전해야만 한다.

성공한 사람의 이야기를 무조건
받아들이지 않는다: 생존자 편향

주사위를 굴려서 어떤 숫자가 나올지 알 수 없듯이 본래 인생이란 어떻게 흘러갈지 알 수 없다. 성공한 사람이라 해도 그 사람의 방식이 옳았으리라 단정할 수만은 없다. 그저 운이 좋았을 뿐일 수도 있다. 하지만 성공한 사람의 의견에는 특별한 무언가가 있다고 믿는 것이 '생존자 편향'이다. 생존자 편향이란 성공한 사람이나 조직의 경험, 사례에만 눈이 가고 실패한 사람의 경험이나 사례는 눈에 들어오지 않는 것을 말한다. 이 편향은 성공한 사람 본인에게도 작용하며, 주변 사람들에게도 마찬가지로 작용한다. 성공한 사람은 자신의 경험을 무척이나 가치 있다고 믿고 이야기하며 주변의 이들도 거기에 귀를 기울인다.

예를 들어 취재나 자문을 요구하는 언론인 또한 마찬

가지다. 내 사고방식을 알고 싶다고 생각하는 것 자체는 고마운 일이지만, 실제로 지금껏 내가 해 온 노력이나 경험과 내가 지금 서 있는 장소 사이에 어떤 인과관계가 있는지는 누구도 알지 못한다. 모두가 생존자 편향이라는 '안경'을 쓰고 내가 하는 말이 가치 있다고 판단하고 있을 수도 있다. 성공한 사람이 말하는 인과관계는 생존자 편향이 작용한 결과일지도 모른다. 그러니 한발 물러서서 이야기를 듣는 편이 좋다.

동시에 실패한 사람의 이야기에도 귀를 기울여야만 한다. 나도 이 편향에 대해 알기 전까지는 내 인생이 제대로 풀린 요인이라고 내가 느끼던 바를 다른 이에게 종종 조언하곤 했다. 하지만 편향의 존재를 알고 나서는 내 발언을 상대방이 어떻게 받아들일지 진지하게 생각하게 되어 조심스레 말하게 됐다.

내가 주최하는 온라인 커뮤니티 '코르크 랩'에 참여한 사람들과의 관계성도 변화하고 있다. 기존에는 커뮤니티에 가입했다는 말은 곧 내게 관심이 있는 것이라는 생각에 누군가 고민을 올리면 "이렇게 하면 어떨까요"라는 식의 조언을 하곤 했다. 하지만 점차 내 조언에는 생존자 편향이 영향을 끼치고 있으므로 그 사람에게 반드시 유익하다고 단정할 수는 없다고 생각하게 됐다. 그래서 지금은 일부러 조언하지 않는 태도를 택하고 있다. 물론 이는 상황에 따라 다를 것이다. 한마디의 조언이 상대방의 인생을 호전시킬지도 모른다. 하지만 반드시 과제를 해결하는 것이 그 사람에게 최선이라고도 단정할 수 없다. 내 말을 상대방이 어떻게 받아들일지, 내가 제시한 과제 해결 방식이 그 사람에게 최선인지, 알 수 없다는 생각을 항상 잊지 말아야 한다.

이 책에서 소개하는 내용도 내게 유효한 생각일 뿐, 솔직히 이 책을 읽는 사람에게는 효과적일지 장담할 수 없다. "사도시마 요헤이는 이렇게 생각하는구나. 그렇다면 나는 이렇게 해 봐야지" 하는 정도로 한발 물러서서 읽었으면 한다. 이 책도 독자에게는 관찰의 대상일 뿐이다.

문제의 원인을
다른 사람에게서 찾지 않는다
: 근본적 귀속 오류

아이를 키우다 보면 내 자신이 싫어질 때가 있다. 주로 아이를 혼낸 후다. "뭐 하는 거야!" 같은 말로 아이를 혼내고서 내가 잘못하지는 않았나 반성한다. 그것을 의식하게 된 것은 '근본적 귀속 오류'라는 편향을 깊게 이해하고부터다.

　　내겐 아들이 셋 있는데 그 중 특히 큰아들에게 화를 내게 된다. 큰아들은 꽤 심한 알레르기가 있는데, 알레르기가 심해지면 짜증을 내며 날뛰거나 동생에게 심술을 부린다. 그럴 때 도무지 대화가 통하지 않으면 "이 집에서 계속 살 생각이면 아빠 말 들어!"라며 조건을 내걸거나 무서운 표정을 짓거나 완력으로 억누르는 등 힘에 의한 공포를 이용하여 아이를 통제하려 한다. 하지만 냉정하게 돌아보면 아이가 감정을 미처 억누르지 못하고 폭주해 버릴 때는 알레르기 증상이 심해졌을 때가 대부분이었다. 그런데도 날뛰는 아이를 보고 "성격 문제 아닐까", "이런 인격 그대로 커 버리면 나중에 곤란을 겪지는 않을까" 하고 멋대로 단정해 버렸다. 이것은 '근본적 귀속 오류'라는 편향에 따른 것이다. 사실 인격 문제가 아닐뿐더러, 딱히 진짜로 문제가 있는 것이 아닌데 문제의 원인을 그 사람의 인격에서 찾는 편향이다. 이 편향의 존재를 알고 나서부터는 아이를 혼낸 후에 반드시 나의 행동을 뒤돌아보고자 노력한다.

근본적 귀속 오류는 업무를 비롯해 온갖 분야에서 빈번하게 볼 수 있는 편향이다. 과거에는 코르크의 직원이 내가 기대한 만큼 일하지 못하면 "왜 그렇게 진심으로 하지 못하는 거지?" 하고 묻고는 했다. 진심으로 임했다면 방법을 모를 때 내게 물으러 왔을 것이다, 그런 발상을 떠올리지 못한 이유는 진심이 부족했기 때문이다, 라고 생각했다. 제대로 일하지 못하는 원인이 상대방의 '하고자 하는 마음'이나 '진심'이라는 자세에 있다고 믿었다. 하지만 실제로는 코르크라는 조직이 아직 벤처 기업이어서 시스템이 정비되지 않았기 때문에 무엇부터 일하면 좋을지 알지 못할 때가 많아서였다. 회사의 시스템에 문제가 있음에도 그것을 직원 개인의 능력 문제라고 안이하게 결론지었다. 또한 애초에 하고자 하는 마음을 표현하는 방식은 사람마다 각기 다르다. 정성스레 하려다 보니 느릿느릿해 보이는 사람도 있을 것이다. 하고자 하는 마음이 있을 때는 속도감이 있어야 한다는 것은 내 생각일 뿐이다. 내 기준을 상대방의 하고자 하는 마음에 가져다 대는 것 자체가 불가능한 일이다.

우리는 문제가 벌어졌을 때 개인의 성격이나 능력 탓이라고 생각하기 쉽다. 그렇지만 실제로는 시스템이나 운용에 문제가 있는 경우도 많으며, 단 하나의 규칙을 바꾸는 것만으로 사람들의 행동이 크게 달라지기도 한다. 예를 들어 회의에서 참석자들이 자신의 의견을 좀처럼 말하지 않는다고 치자. 과거에는 그들에게 하고자 하는 마음이 있는 사람이라면 제대로 자신의 의견을 말하라며 재촉했었다. 하지만 자신의 의견을 말하는 것에 느끼는 부담감은 사람마다 다르고, 의견을 말하는지 말하지 않는지와 하고자 하는 마음은 관계없기에 나는 최근 규칙을 하나씩 정해서 시도해 보고 있다. 그중 하나가 어떤 의견이든 "수정할 부분을 반드시 한 가지 말하기"다. 수정할 부분을 말하는 것이 상대방을 부정하는 행위가 되지 않도록 아예 시스템으로 만들었다. 그것이 규칙이라고 생각하면 의견을 내는 것이 전제되어 모두가 말하기 편한 분위기를 만들 수 있다. '근본적 귀속 오류'라는 편향을 알기 전에는 의견을 말하지 못하는 사람에 대해 "아직 생각이 부족해. 조금 더 스스로 생각해 봐!"라고 사람의 능력에 문제를 귀속시켰고, 결국 근본적인 해결을 늦추고 말았다. 최근에는 실제로 회의 모습을 보면서 내 방식이 구조적으로 제대로 기능하는지를 관찰해 본 다음 개선할 것을 생각하고자 노력하고 있다.

아들러 심리학에서는 "사람은 적이 아니라 동료다"라는 공동체 감각을 논한다. 상대방에게 원인이 있다고 생각하는 것은 주로 인지 편향 때문이다. 본래 거의 모든 사람은 자기 나름의 장점을 사회에 환원하고자 행동한다. 하지만 선의의 개념이 모두 다르기에 사람에 따라 악의라고 느끼고 만다. 그렇기에 그 사람의 선의를 느낄 수 있는 관찰력을 몸에 익히려 애쓰고 있다.

현대의 마녀사냥이란 무엇인가
: 사후 확신 편향·정상화 편향

사람은 쉽게 다른 사람을 비판한다. 자기였다면 절대로 그런 식으로 하지 않았으리라고 자신한다. 정말로 본인이 그 상황에 놓였다면 어떤 의사결정을 했을지 알지 못하면서도 "나라면 이렇게 했을 거야"라고 말하곤 한다. 이것은 '사후 확신 편향'에 의해 생겨날 때가 많다. '사후 확신 편향'이란 어떤 일이 일어나고 나서 그것이 예측 가능했다고 생각하는 경향을 가리킨다.

SNS의 시대가 되어 정치인의 다양한 결단에 대해 비판하고 이슈로 삼는 일이 늘었다. 하지만 실제로는 국가 행정에는 개성이 도드라질 여지가 많지 않으며, 논리적으로 의사결정이 이루어지기에 대부분 유사한 의사결정이 이루어질 수밖에 없다. 그렇기에 의사결정 당시에 의사결정권

자가 어떤 정보를 가지고 있었는지, 수중에 모인 정보의 질은 어땠는지, 정보 수집 시스템은 최선이었는지와 같은 요인에 대한 의문을 가지고 개선해 나가는 편이 무턱대고 비판하는 것보다 좋지 않을까. 정치인뿐만이 아니다. 기업이나 개인의 의사결정도 그 배경에는 다양한 사정이 있는 경우가 많다. 그 사정을 이해하지 않고 비판하는 것은 의미가 없다.

직장 안에서 편집자 일을 할 때, "이렇게 했다면 더 인기 있었을 텐데", "만화 업계는 이렇게 하는 게 더 좋지 않을까?"라는 말을 술자리에서 자주 하곤 했다. 하지만 냉정하게 내 행동을 뒤돌아보자, 사후 확신 편향에 빠져 안전지대에서 부르짖고 있었을 뿐이었고 10년, 20년이 지나도 같은 말을 내뱉는다면 꼴사납겠다고 문득 느꼈다. "나였다면 해냈을 텐데"라고 말하는 것보다 "하지 못해서 분해!"라고 외치는 사람이 차라리 더 멋진 듯하다.

왜 창업했는지 종종 질문을 받는다. 사후 확신 편향이 작용하여 잘난 척 말을 내뱉는 나를 깨닫고는, 그 꼴사나움을 스스로 견디지 못해 행동에 나서야겠다고 생각했다는 것이 내 솔직한 마음일지도 모른다.

타자를 비판할 때는 또 하나의 인지 편향이 작용할 가능성이 있다. 바로 앞서 소개한 '근본적 귀속 오류'다. 사람이 무언가를 관찰하면 귀속 편향이 자연스레 작용한다. 그 사람의 의사결정이 환경적 요인에 따른 것임에도 그 사람의 능력과 의사에 의한 것이라고 생각해 버려서 환경이 아니라 개인을 비판하고 만다. 매스컴이나 SNS에서 비판을 받는 정치인이나 기업, 연예인은 대부분 귀속 편향과 사후 확신 편향의 피해자다. 이 두 편향이 조합해 '마녀'가 만들어진다.

　과거의 마녀사냥과 비슷한 것이 형태를 바꿔서 요즘에도 재현되고 있다. 옛날에는 화형을 당했지만, 지금은 매스컴이나 SNS에서 집중포화를 받으며 사회적 지위에서 끌어내려진다. 목숨까지는 빼앗지 않는 것은 문명이 진화한 결과라고 말할 수 있을까. 정말로 본인의 의사나 능력이 문제라면 마녀가 사라지면 상태는 개선될 테지만, 환경이나 시스템이 원인이기에 아무것도 달라지지 않는다. 그리고 또다시 다음 마녀를 찾아 나선다. 리더를 맡을 수 있는 능력과 기개 있는 사람이 사회로부터 배제되며, 천천히 사회는 약화된다.

SNS를 제대로 이용하는 방법을 알아야 한다고들 말하지만, 그보다는 이 두 편향을 제대로 이해하는 것이 더 중요하다. 다른 편향은 자신에게 미치는 영향이 크지만, 이 두 편향은 타자에게 미치는 영향이 크다. 자신이 정의의 편에 서 있다고 믿으며 타자를 공격해 버린다. 그리고 집단적 정의라고 생각하며 공격하기에 잘못을 깨닫지 못하고 속죄도 좀처럼 하지 못한다. 약해藥害 에이즈 사건*, 리크루트 사건**, 라이브도어 사건*** 등은 사후 확신 편향과 근본적 귀속 오류의 전형이다. 이미 사회적으로는 결론을 내린 사건이고, 나는 이에 관해 상세한 정보를 가진 것은 아니므로 개인적인 의견에 불과하지만 말이다. 우수한 사람, 높은 지위에 있는 사람이라도 그렇게까지 미래를 내다보지는 못한다. 나중에서야 그때 어떻게 했어야 한다고 지적하는 것은 편향에 대한 이해가 없기 때문이다.

한편 '정상화 편향'도 있다. 이것은 이상 사태가 벌어졌

---

* 1980년대 일본 녹십자에서 혈우병 치료제에 HIV 균이 포함된 비가열 혈액제제를 사용해 수백 명의 HIV 감염자가 발생한 사건이다.

** 1988년 리크루트 사가 정재계 인사들에게 뇌물을 공여한 사건으로 이 영향으로 내각이 총사퇴하는 등 큰 파장이 있었다. 일본 초유의 정경유착 사건으로 꼽힌다.

*** 2000년대 초 일본의 대표적 인터넷 벤처 기업 중 하나였던 라이브도어가 저지른 회계 부정 사건. 이 영향으로 대규모 주식 매도 사태가 일어나 도쿄 증시 전체가 흔들렸다.

을 때 패닉에 빠지는 것을 피하고자 예상하지 못한 사건에 둔감하게 반응하는 편향이다. 새로운 사건을 마주한 사람은 정상화 편향이 작용하여 특별한 대응을 취하지 않는 것이 일반적이다. 그렇기에 사후 확신 편향으로 타자의 행동을 비난할 때는 상대방에게 정상화 편향이 일어나는 것을 허용하지 않는 것처럼 느껴지기도 한다.

옛날 사람들은 이 두 편향으로 잘못된 판단을 하는 것을 피하고자 '요정'을 떠올린 것 아닐까. 요정과 요괴, 괴물을 떠올린 사람, 아니 그것을 만들어 낸 인류 전체의 대단한 지혜에 감동한다. 만약 벌어진 문제가 요정 탓이라면 개인을 책망할 필요가 없어진다. 집단 전체의 마음이 개인의 인격에만 집착하는 것을 막는다. 대신 요정의 마음을 잠재우기 위한 의식이 필요해진다. 의식을 거치면서 시스템의 개선을 시도해 나간다. 요정은 과거 사람들이 무지해서 믿은 미신에 그치지 않는다. 대립을 만들지 않고 편향으로부터 자신들을 지키고자 애쓴 인간만의 지혜로 봐야 하지 않을까. 그 지혜를 우리는 과학적인 것이 정의라는 생각 아래로 없애 버렸다. 그러고 나니 편향에서 사회와 개인을 지키는 방법을 잃어버렸다.

나는 개인적인 공부를 통해 귀속 편향과 사후 확신 편

향의 존재를 알고 난 후, "이렇게 하는 것이 좋다"라는 비판적 의견을 낼 때는 미래의 일에 대해서만 말하고자 의식하게 됐다. 기존에는 과거에 이미 벌어진 일에 대해 "이렇게 하면 좋았을걸. 나였다면 이렇게 했을 텐데"라는 발언을 했지만, 지금은 그것이 무책임하고 현실감 없는 아이디어에 불과하다고 생각한다. 모두가 자신의 자리에서 자유롭게 발언한다고 해도 세상은 좋아지지 않는다. 지금 시대에 적합한 요정을 다시 발명해야만 한다. 그리고 편집자가 하는 일은 이야기를 만들어 냄으로써 지금 시대에 맞는 요정을 만들고자 하는 시도이기도 할 것이다.

현실을 볼 준비는
되어 있는가

편향은 인간이라는 종이 살아남기 위해 유전적으로 만들어 낸 위대한 시스템이기도 하다. 가능한 한 많은 판단을 의식하지 않고 무의식적으로 빠르게 행하도록, 우리 의식으로는 쉽게 떠올릴 수 없을 정도의 시간을 들여 편향이 만들어졌다. 그렇기에 편향을 전부 부정할 필요는 없다. 편향이 올바를 때도 많다. 편향을 무기로 삼으려면 편향을 의식하면 된다. 그러기 위해 내가 사용하는 것이 '물음'이다. 정보를 접하고 그 정보를 좋다고 생각했다고 치자. 그것은 확증 편향일지도 모른다. 내가 보고 싶은 정보만을 보고 있지는 않은가, 물음을 던지고 반대 정보도 모아 본다. 비관적인 사고를 머리에서 떨쳐 낼 수 없을 때는 부정 편향에 빠져 있을 가능성이 있다. 나쁜 일이 벌어질 확률을 확대해 평가하고 있지는 않은가 자문한다. 그리고 좋은 일이 벌어질 확률과 비교해 본다. 그럼 그저 나쁜 일의 패턴이 떠오르는 것뿐일 때도 많다. 동시에 아무런 문제가 없다고 느낄 때는 정상화 편향이 작용하고 있을지도 모른다고 인식하고, 어느 정도로 변동이 있는지 조사해 본다. 자신의 의견이 다수 측일 때는 동조 편향이 작용하고 있을지도 모른다. 의사결정을 할 때, 다른 사람의 의견에 좌우될 기회가 있었는지 되돌아본다. 깨닫지 못하는 사이에 주변을 살피고 주변에 맞춘 판단을 하지는 않았는지 자문해 본다. 상대방이 여러 분야에서 재능을 발휘한다고 여겨질 때는 후광 효과가 영향을 끼친 결과일 수 있다. 사람은 환경에 따라 재능을 발휘한다. 모든 것을 다 잘하는 재능이란 없다. 상대방의 장점을 필요 이상으로 평가하고 있지는 않은가 묻는다. 성공한 사람의 의견을 들을 때는 언제나 생존자 편향이 일어날 가능성이 있다. 애초에 성공이 금전적인 성공만을 지칭할 리 없지만, 우리는 대개 그렇게 생각해 버린다. 성공한 사람이 말하는 내용이 실제로 재현 가능한지, 무엇을 성공이라고 판단하고 무엇이 성공의 요인인지 묻는다. 문제가 일어났을 때 어떤 개인이 나쁘다고 생각했다면 근본적 귀속 오류가 벌어진 상태다. 만약 개인에게 악의가 없고 책임이 없다고 여겨진다면 원인은 무엇인지 묻는다. "이렇게 했으면 잘 풀렸을 텐데"라고 비판하는 마음이 일어났을 때는 사후 확신 편향이 작용한 결과다. 자신이 그 상황이었다면 어떤 정보를 가질 수 있었을지, 그 시점에서 무엇을 얻을 수 있었을지, 그 사람이 보던 경치는 어땠을지 묻는다.

나는 편향에 대해 알아가는 가운데 이러한 생각이 내 안에 싹트면 일단 판단을 유보하고, 매번 비슷한 물음을 던지며 상황을 관찰하는 것을 습관화했다.

미지의 것에 얼마만큼 두근거릴 수 있는지

판단하는 것도, 판단을 유보하는 것도 어느 쪽이건 무척이나 피곤한 일이다. 현대를 사는 우리는 우리가 동물이라는 사실을 쉽게 잊곤 하지만, 인간은 동물이다. 동물의 세계에서는 판단이 느리면 살아남을 수 없다. 육식동물이 노릴 때, 위험을 감지하고 순간적인 판단을 하는지가 생존과 직결된다. 그러나 판단을 스스로 하기란 너무 부담이 크다. 그렇기에 편향으로 무의식중에 판단한다. 현대에 육식동물에게 습격당하는 그런 일은 일상에서 벌어지지 않는다. 그럼에도 동물이었던 무렵의 잔재로서 편향을 사용하여 재빨리 판단하려 한다.

'알지 못하는 것', '미지'에 대해 사람은 본능적으로 공포를 품기 때문에 편향을 사용해 순간적으로 판단함으로써 불안을 누그러뜨리려고 한다. '아는 것'으로 판단하면 안심할 수 있기 때문이다. 하지만 현실을 제대로 관찰하지 않고 판단을 내리면 장기적으로는 바라지 않는 방향으로 흘러버릴 수 있다.

편향을 의식하며 관찰하는 것에 관해 생각하다 보면 영화 『매트릭스』가 떠오른다. 『매트릭스』에서는 컴퓨터와의 싸움에 패배한 인류가 컴퓨터에 의해 조작된 가상현실을 살고, 주인공 네오를 비롯한 소수의 사람만이 이 사실을 깨닫고 있다. 현실은 인간이 배양조 같은 캡슐에 갇혀 컴퓨터의 에너지원이 되어 있는 상황이지만 모두 그런 사실을 모르는 채 가상세계 속에서 산다. 현실을 알게 된 주인공 네오는 선택에 내몰린다.

"기존처럼 생활하고 싶으면 파란색 알약을, 현실을 알고 싶으면 빨간색 알약을 먹어라."

우리가 편향을 통해 바라보는 세상은 『매트릭스』의 세상, 캡슐 안에서 바라보는 세상이다. 네오는 빨간색 알약을 먹었다. 그리고 나도 빨간색 알약을 먹는 사람이 되고 싶다. 현실에서 빨간색 알약에 해당하는 것이 무엇인지 고민하다 보니 관찰력을 높이는 것이 답이라고 생각하게 되었다.

사람은 자신이 보고 싶은 세상만을 선택해서 바라본다. 그것은 현실과는 거리가 먼 망상에 가깝다고 해도 과언이 아니다. 자신이 보고 싶은 세상에서는 주변에서 벌어지는 풍파도 자신이 상정한 범위 내에 있기에 마음 편히 살아갈 수 있을지 모른다. 하지만 나는 마음이 편치 못해도 현실에 다가서고 싶다. 비록 현실이라는 것이 존재하지 않는다고 해도 말이다. 살면서, 다른 누군가나 자신의 무의식으로 준비된 안전하고 안심할 수 있는 길을 행복하다고 느낄지, 누구에게도 준비되지 않은 길에서 예상외의 일이 일어나 발견거리가 있는 하루하루를 행복하다고 느낄지.

미래를 모르면 사람은 불안감을 느낀다. 한편 그 불안은 미지에 대한 설렘이기도 하다. 편향에 관해 배우고 편향을 무기로 삼아 현실을 볼 준비가 된 상태라면 같은 것을 보더라도 불안 대신 설렘을 느낄 수 있다.

제4장

보이지 않는 것까지 관찰한다

:

감정 유형과 관계성

사람·사회·시대를
꿰뚫어 보기 위해

나는 명상할 때 싱잉볼 singing bowl 을 울리고 그 소리에 집중한다. 그리고 매번 그 음색의 단순함과 복잡함에 사로잡힌다. 싱잉볼이나 징은 무척이나 다양한 음을 내는 악기다. 이 악기를 만든 사람은 소리를 나아가 세상을 어떻게 파악할까. 단순하면서도 복잡하다는 모순된 마음이 샘솟게 만드는 소리. 이 악기를 만든 사람이 세상을 파악하는 방식이 대단히 근사하다고 생각한다.

인간은 음표의 발명으로 매력적인 멜로디를 만들 수 있게 됐다. 지금 인기를 끄는 음악 대부분은 악보로 표현할 수 있다. 기록을 남김으로써 우리는 그것을 계승하고 발전할 수 있다. 하지만 음표를 살짝 벗어나는 소리가 분명히 있는데도 불구하고, 음표 바깥에 있는 소리는 거의 의식하지 못하게 됐다. 음표의 발명 덕에 음에 대한 관찰이 진행되어 선명도가 높아져 눈에 보이는 부분이 많아졌지만 동시에 보이지 않는 부분도 늘었다. 마찬가지로 과학이 발전하여 인류가 자연을 보는 선명도도 올라갔다. 양자까지 관측할 수 있게 되었고 이를 통해 설명할 수 있는 것이 압도적으로 늘어났다. 하지만 보이지 않는 것을 관찰하는 능력은 오히려 쇠퇴해 버렸다. 지금까지 관찰의 대상은 보이는 것이었다. 보이는 것을 관찰하는 일에는 어느 정도 적용 가능한 규칙이 있다. 그에 비해 보이지 않는 것을 관찰하기란 실로 어렵다.

보이지 않는 것을 탐구하거나 이해하거나 설명한 대표적 예를 들면 '성서'나 '불경'을 꼽을 수 있다. 지금도 이것을 넘어서는 문헌은 나오지 않았다. 그리스도도 석가모니도 현대 문명의 이기는 지니지 못했다. 그럼에도 우리보다 훨씬 관찰력이 뛰어났다. 내가 쓴 이 책은 그저 불교의 오온*이라는 개념을 나만의 방식으로 졸렬하게 설명하는 데 불과하다는 생각까지 든다. 우리는 인간의 바깥만 관찰해 왔지, 마음속을 관찰하는 힘은 2천 년 전 사람들을 뛰어넘지 못한 것 같다.

---

* 五蘊, 불교에서 인간을 구성하는 다섯 가지 물질적·정신적 인지 요소인 색온(色蘊, 물질·육체), 수온(受蘊, 감각), 상온(想蘊, 지각 또는 표상), 행온(行蘊, 마음의 작용), 식온(識蘊, 마음)을 가리키는 말이다.

교과서에서 흘러나와 버린
역사의 진실 : '감정'

보이지 않는 것은 기록으로 남지 않는다. 남아 있다고 해도 후세 사람은 이해할 수 없다. 그렇지만 사회를 정말로 움직여 온 것은 보이지 않는 것 아닐까? 앞서 말했지만 나는 중학생 시절에 남아프리카공화국에서 살았다. 그 시기는 남아프리카라는 국가의 요람기였다. 아파르트헤이트가 끝나고, 만델라라는 흑인 대통령이 탄생하려던 시절. 처음으로 열리게 된 선거 직전, 폭동이 일어나거나 누가 상수도에 독을 타지는 않을까 많은 사람이 겁냈다. 선거는 밝은 미래가 아니라 파멸의 시작일지도 모른다고 느끼는 사람이 많았고, 나라 밖으로 도망가는 사람도 있었다. 그런 가운데, 흑인과 백인 가수들이 모여서 함께 노래 한 곡을 불렀다. 무척이나 단순한 노래로, "South Africa, Oh, Beautiful Land"라는 가사가 반복되는 노래다. 텔레비전에서도 라디오에서도 자주 흘러나왔다. 그 노래는 노래를 넘어서 기도였다. 노랫소리를 텔레비전 너머로 듣는 것만으로도 어째선지 매번 눈물이 났다.

흑인도 참여한 첫 선거는 예상을 뒤엎고 어떠한 사건도 벌어지지 않은 채 끝이 났고, 예상대로 만델라가 대통령이 됐다. 사건이 일어나지 않도록 경찰을 비롯한 많은 이들의 노력이 행해졌으리라. 하지만 나는 이 선거가 제대로 흘러간 것이 노래의 힘이라고 생각한다. 전혀 근거는 없지만, 이 노래를 들은 모든 사람이 자신의 나라를 지키고 싶다고 생각하지 않았을까 생각한다. 이 노래는 인터넷에서 아무리 검색해 봐도 나오지 않았다. 역사의 기록에도 남아 있지 않았다. 이런 무명의 곡이 사람들의 감정을 하나로 모았다. 단 하루라고 해도, 흑인 대통령의 탄생에 나라의 미래를 걸어 보고 싶다고 믿었던 것 아닐까. 역사를 바꾸는 것은 논리가 아니라 '감정'이 아닐까.

감정이 역사를 움직인다. 역사 교과서의 틈새에서 흘러나온 감정을 상상하다 보니, 갑자기 역사를 배우는 것이 재미있어졌다. 감정이 제대로 상상되지 않아서 목에 걸린 가시처럼 내 마음에 무언가 계속 걸려 있는 역사적 인물이 있다. 바로 사이고 다카모리西鄕隆盛다. 세이난 전쟁 때, 사이고 다카모리는 어떤 감정을 품었을지 궁금했다. 1877년, 사이고 다카모리는 정부에 불만을 가진 무사 가문을 이끌고 무력 반란을 일으켰다. 세이난 전쟁은 일본 최대 규모의 마지막 내전이다. 사이고 다카모리는 왜 이런 전쟁을 일으켰을까. 압도적인 무력의 차에도 불구하고 말이다. 사이고 다카모리가 내란을 일으킨 논리적인 이유를 찾기 어렵다. 사이고 다카모리의 머릿속에는 혹시라도 이길지 모른다는 희망이 과연 어느 정도 있었을까. 불평불만을 품은 채, 살 희망을 잃은 무사 가문을 마주하고는 그들이 죽을 자리를 마련해 주자는 마음이었을까. 그게 아니면 자신이 죽고 불평하는 무사들이 없어짐으로써 보다 나은 일본이 탄생하기를 기도하는 마음이었을까. 함께 메이지 유신을 이룩한 오쿠보 도시미치大久保利通에 대해서는 어떤 감정을 품었을까? 증오였을까, 아니면 둘만 이해할 수 있는 유대감이었을까.

사이고 다카모리의 감정, 불만을 품은 무사의 감정, 오쿠보 도시미치의 감정 그리고 세상 사람들의 감정을 상상해 본다. 자결처럼 일순간의 죽음을 각오한 사람의 마음은 어떻게든 상상할 수 있다. 하지만 사이고 다카모리처럼 천천히 죽음을 받아들이고, 그리고 앞으로 나서서 스스로 행동하는 사람의 감정은 미처 상상할 수 없다. 나는 그런 감정을 관찰하며 역사, 사회, 사람을 이해하고 싶다.

상상하기 어려운 것은 역사 속 감정만이 아니다. 지금 당장 내 감정조차 이해하기 어려울 때가 있다. 동일본 대지

진 직후에는 어떤 감정이었을까. 후쿠시마 원자력 사고는 어떤 감정으로 바라봤는가. 자신의 감정뿐만 아니라, 사회 전체적으로 어떤 감정이었을지 떠올릴 수 있는 사람은 몇이나 될까. 벌어진 사건은 시간의 흐름에 따라 나눌 수 있다. 하지만 감정은 전부 뒤섞이고 만다. 불안한 가운데서도 옅은 온화함이나 기쁨을 느낀 순간은 있었을지 모른다. 그런 감정은 개인의 기억 속에서는 불안과 한 묶음으로 엮여 버리고, 역사에서는 그대로 잊히고 만다.

'진정한 나'란 존재하지 않는다
: 관계성

내가 보이지 않지만 관찰하고자 하는 대상으로는 감정 말고 또 하나, '관계성'이 있다. 사람은 그 사람의 몸과 마음만으로 이루어지지 않는다. 그 사람과 관계 맺는 사람에 의해서도 이루어진다. 그것을 알기 쉽게 표현한 것이 '분인주의' 分人主義라는 사고방식이다.

　작가 히라노 게이치로는 『나란 무엇인가』에서 '분인주의'라는 개념을 제창한다. 우리는 어딘가에 '진짜 나'가 있고 타자에게 보여 주는 자신은 '연기하는 나'라고 생각하기 쉽다. 하지만 회사에서의 나, 가족과 있을 때의 나, 연인과 있을 때의 나, 그 어떤 것도 진짜 나이며 그 캐릭터(=분인)들의 집합체가 한 사람을 이룬다. 그뿐 아니라 '분인'은 자기 스스로 주체적으로 컨트롤하는 것이 아니라, 상대방과의 관계를 통해 시작된다. 즉 타자에 의해 시작되는 '분인'의 집합체로서 '나'라는 개인이 존재하는 것이다.

히라노 게이치로는 어떤 분인이건 전부 자기 자신이라면, 그중 가장 편하게 있을 수 있는 자신을 찾아 그 분인을 늘려나가는 것이 삶이 평온해지는 힌트가 아닐까 말한다. 나아가 『본심』本心이라는 작품에서는 세상을 떠난 어머니를 VR을 통해 다시 한번 만들려는 에피소드가 있는데, 이것은 관계성을 생각하는 데 매우 시사하는 바가 크다. 주인공은 VR 상의 어머니를 '어머니답게' 만들기 위해 자신이 가진 데이터를 제공한다. 하지만 그것만으로는 VR이 자신의 어머니처럼 만들어지지 않는다. 그렇다면 어떻게 하면 '어머니다움'을 되살릴 수 있을까. 그것은 주인공이 모르는 곳에서 어머니가 관계를 맺었던 사람들과 지내는 모습을 VR에 체험하게 해 데이터를 모으는 것이었다.

이 소설은 '나'란 사람은 누군가 한 사람과의 관계만으로 성립하는 것이 아니라, 여러 타자와의 관계를 통해 만들어지는 '분인'들을 통합하여 존재한다는 점을 이야기를 통해 풀어내었다. 사실 생각해 보면 우리가 친구와 대화하는 모습을 가족에게 보이기 거북스러워하는 것처럼, 사람은 여러 타자와의 '분인'을 남에게 보이고 싶어 하지 않는다. 따라서 일상생활 속에서 상대방의 관계성을 관찰하기란 매우 어렵다.

이야기를 통해 보이지 않는 것을
깨닫는 힘을 단련하자

나는 유소년 시절부터 소설과 만화를 많이 읽었다. 현실 경험보다 이야기 속의 경험을 우선한 적도 있다. 대학생 때는 술자리에서 친구들이 불러도 나가지 않고 책이나 영화를 우선시했다. 그때를 돌아보면 내가 왜 그랬을까 싶다. 지금은 친구와 보내는 시간을 우선하지만, 그땐 왜 그랬을까?

　현실 사회를 관찰하다 보면 감정이나 관계를 읽어 내기가 여전히 무척 어렵다. 20대 전반의 나였다면 불가능했을 것이다. 다만 소설이나 만화에는 감정이나 관계성이 매우 알기 쉽게 그려진다. 대화를 통해 타자의 내면에 들어갈 수는 없었지만, 이야기라는 장치를 이용하면 사람의 내면에 들어갈 수 있었다. 이야기를 통해 보이지 않는 것(감정과 관계성)을 깨닫는 힘을 단련했고, 그로써 나는 현실 사회를 마주할 준비를 했다.

감정과 관계성을 관찰하는 능력은 학교에서 단련하기 어렵다. 오히려 학교 교육으로 관찰력이 약해질 가능성마저 있다. 우리는 학교나 회사에서 '감정'과 '관계'를 분리하도록 훈련받는다. 자신이 어떻게 생각하는지보다 감정과 관계성을 죽이고 논리적으로 행동하라고 교육받는다. 회사에서는 관계성을 소중히 여기며 고객을 아끼는 태도보다는 모든 것을 '기계적으로' 평등하게 접하는 것이 중시된다. 물론 자본주의에서 공장의 일원으로서는 그편이 더 적합할 수 있다. 하지만 시대는 바뀌었다. AI나 인터넷으로 지식의 해방이 일어났다. 지금 다시 '르네상스 시대'가 오고 있다. 모든 것을 기계적으로 처리하기보다는 인간 중심주의가 복권하는 중이다. 인간 중심주의에서는 논리보다 감정이나 관계성을 우선시한다.

보이지 않는 것을 관찰하는 데 필요한 두 가지 요소인 감정과 관계성. 이것은 앞으로의 사회에서 중요해질 뿐만

아니라 사람의 마음에 남는 이야기를 만들 때 가장 중요한 요소이기도 하다. 그렇기에 편집자인 내게는 감정과 관계성이 매우 중요한 관찰 대상이다. 감정에 관해서는 나와 예방의학연구자인 이시카와 요시키, 만화가 하가 쇼이치, 셋이 함께 쓴 『감정은 곧장 뇌를 빼앗는다』感情は、すぐに脳をジャックする라는 책에 자세히 정리했다. 관계성과 관련해 편집자로서 만들고 있는 책도 있다. 게이오 대학에서 커뮤니케이션론을 연구하는 와카신 유준若新雄純이 쓰고 있다. 이 장에서는 감정과 관계성 두 가지를 한 장으로 정리했기에 조금 설명이 부족할 수 있다. 보다 관심이 있는 사람은 이 두 권의 책을 토대로 좀 더 깊게 탐구해 보기를 권한다.

감정이란 취급하기
어려운 센서

감정이란 무엇일까. 무척이나 간단한 물음이지만 이 물음에 답하기란 매우 어렵다. 감정이 작동할 때의 신경전달물질이 분비되는 방식이나 신체적 변화를 설명할 수는 있지만 감정에 대해서는 전혀, 아무것도 알 수 없다. 사전에서는 '감정'을 다음과 같이 정의한다.

1. 기분.
2. 쾌快/불쾌不快를 주요 요소로 하는 의식의 주관적인 측면.

영어로는 feeling, emotion, affection이다. 우리는 의식이 있는 한 계속 어떤 감정을 가진다. 그럼에도 지금 느끼는 감정은 무엇인가, 하고 물으면 단번에 대답하지 못한다. 하물며 30분 전이나 1시간 전의 일이라면 벌어진 일을 설명할 수는 있어도 그 감정은 곧장 떠올리지 못한다. 감정을 의식하고 있음에도 불구하고 '잘 모른다'라는 것이 도무지 신기할 따름이다.

개나 고양이에게도 감정은 있는 듯하지만, 인간과 똑같은 것 같지는 않다. 식물이나 세균 등도 마찬가지이리라. 신체 기능만 보자면 인간보다 복잡한 시스템을 가진 동물도 있다. 하지만 감정의 복잡함은 인간 특유의 것이라고 말해지며, 감정이야말로 인간을 인간답게 만든다.

우리는 지금까지 어떤 식으로 감정을 해명해 왔을까. 그리스 철학이나 불교에서는 감정에 대한 깊은 관찰이 이루어졌다. 예를 들어 불교의 '사고팔고'四苦八苦는 어떨 때 괴로운 감정이 드는지 매우 뛰어나게 정리했다. 하지만 2천 년 전의 고찰부터 현대까지 거의 진전이 없으며 비슷한 논의가 몇 번이고 반복됐다. 과학은 관측할 수 있는 것을 중심으로 발전했다. 실험은 재현 가능성이 중요하다. 하지만 감정은 관측 방법이 확립되지 않았고 실험의 재현성도 낮다. 이만큼 다양한 기술이 발전했음에도 감정이 과학의 영역으로 들어오지 못한 이유 중 하나이리라.

감정에 대한 고찰은 고전에서 찾아보는 것이 유익하다. 예를 들어 현대에는 감정적인 사람과 합리적인 사람을 대립하는 개념으로 취급하는 경우가 잦다. 하지만 공자는 『논어』에서 '종심'從心이라는 사고방식을 설파했다.

"70세가 되면 뜻대로 행하여도 도리에 어긋나지 않는다."

나는 이를 '감정 그대로 행동해도 사회와 조화를 이룰 수 있다'는 의미로 해석한다. 즉 공자는 감정과 이성은 대립하는 것이 아니라 최종적으로 조화를 이루는 것이므로 그것을 목표로 삼아야만 사람으로서 성장할 수 있다고 말하는 것 아닐까. 세상에서 자주 말하는 마인드풀니스mindful-ness나 웰빙well-being 또한 이 종심이 이뤄진 상태 아닐까. 곧 현대사회는 70세가 되지 않고서도 종심의 상태를 사회 속에서 실현하는 사람을 늘리려고 도전하는 중인 것 같다.

감정은 인간이라는 동물에게 가장 합리적인 센서라는 사고방식도 있다. 편향과 마찬가지로 위기 상황에 곧바로 대응할 수 있도록 진화하는 과정에서 획득했다는 것이다. 그런 한편 감정은 누구에게나 갖춰져 있기는 하지만 제대로 사용하는 사람은 무척이나 적으며 취급하기 어려운 센서이기도 하다. 그 센서를 제대로 사용하고 이성과 조화를 이루어 사회와의 거리감을 적절히 유지할 수 있다. 그렇게 하면 기분이 좋은 상태를 길게 유지할 수 있다. 감정을 제대로 사용하는 것은 행복으로 가는 지름길일지도 모른다. 그래서 감정의 관찰이 필요하다. 감정을 관찰하기 위해서는 가설이 필요하며, 그러려면 최소한의 지식이 필요하다. 우선 여기에서는 감정에 대해 알아 두어야 할 지식을 정리한다.

하버드에서 정리한
감정의 열두 가지 분류

어떻게 하면 감정에 의식을 빼앗기지 않고, 감정을 죽이지도 않고, 감정 그대로 행동할 수 있을까. 우선 감정에는 어떤 것이 있고 몇 가지 정도의 종류가 있을까. 희, 노, 애, 락은 이미 잘 알고 있을 것이다. 불교에서는 칠정七情이라고 하여 희(喜, 기쁨)·노(怒, 분노)·우(憂, 근심)·구(懼, 두려움)·애(愛, 사랑)·증(憎, 증오)·욕(欲, 욕심), 이 일곱 가지를 기본 감정으로 본다.

최근 하버드 대학의 의사결정 센터에서는 부정적인 감정인 화, 짜증, 슬픔, 부끄러움, 죄책감, 불안(공포) 여섯 가지와 긍정적인 감정인 행복, 자랑스러움, 안심, 감사, 희망, 놀라움 여섯 가지, 이렇게 총 열두 가지로 나눠서 연구를 진행하고 있다.

긍정적 감정과 부정적 감정

긍정적 감정	부정적 감정
행복, 자랑스러움	화
안심	짜증
감사	슬픔
희망	부끄러움, 죄책감
놀라움	불안(공포)

※ 하버드 대학 의사결정 센터Harvard Decision Science Lab 자료 참고.

감정을 이해할 때 우선 중요한 점은 다음 두 가지다.

① 감정에 선택당하는 것이 아니라 스스로 감정을 선택하는 것이다.
② 감정에 좋고 나쁨은 없다.

우선 감정이란 제멋대로 자신을 찾아오는 것이 아니라는 점을 알아야 한다. 스스로 그 감정을 선택했다는 사실을 의식해야 한다. 애초에 감정이란 취급하기 어려운 인류의 지혜가 담긴 도구다. 감정을 이해하면 자신의 상태를 알수 있다. 감정이란 자신이 지금 무엇에 주의를 향하고 있는지 자각하는 도구다.

예를 들어 여러분이 '화'를 느꼈다고 쳐 보자. 그때는 자신이 소중히 여기는 것에 대한 공격에 주의가 향하는 상태라고 할 수 있다. 편향의 경우에 질문의 힘을 사용해 편향을 무기로 바꿨다. 같은 방식이 감정에서도 효과적이다. 화를 느꼈을 때 자신에게 이렇게 물어보자. "나는 무엇을 소중하게 여기고 있는가?" 그러면 자신이 무의식적으로 소중히 여기고 있는 것을 깨닫게 될지도 모른다.

또한 폭력이나 말이 아닌 무언가를 공격이라고 해석하여 분노를 느낄 때도 있다. 여기에서 "나는 무엇을 공격이라고 받아들였을까?"라고 자문해 보면 자신이 다른 사람의 어떤 언동에 반응하는지 깨닫게 된다. 이때 감정에 지배당하는 상태 그대로라면 그 공격에 보복하는 등의 방법으로 상대를 바꾸려고만 한다. 하지만 자신에게 화살표를 향하면 자신이 주목하는 바를 바꿀 수 있다. 화를 느꼈을 때는 자신을 먼저 바꾸고자 생각하는 편이 더욱 바람직하다.

'불안'도 자주 느끼는 감정 중 하나다. 불안은 자신이 전부 파악하지 못하는 모르는 것에 주의가 향하는 상태다. 그렇다면 "모르는 것은 무엇인가"를 확실히 정의하면 불안은 사라진다. 불안을 없애려면 누구에게 무엇을 물으면 좋을지 떠올려 보자. 개념을 조금 알게 되면 불안의 감정을 설렘으로 바꿀 수도 있다. 감정을 이해하면 대처법도 보이기 시작한다. 각각의 감정은 무언가에 주목이 향하는 상태다. 이것을 이해하는 것만으로도 충분히 행동이 바뀐다.

다양한 감정의 특징

불안: 모르는 것에 주의가 향함

공포: 감당할 수 없는 것에 주의가 향함

슬픔: 없는 것에 주의가 향함

화: 소중한 것이 위협받는 것에 주의가 향함

기쁨: 획득한 것에 주의가 향함

편안: 충족된 것에 주의가 향함

※ 불안증을 어떻게 극복할까 – 불안의 의학 제23회 도민 강연회
(스즈키 신이치(鈴木伸一, 2016) 참고.

감정이란 의사결정을 빠르게 하기 위한 도구에 불과하다. 여러분의 감정은 사고 습관에 의해 무의식적으로 선택해 버리는 것이다. 하지만 그런 것이 아니라 스스로 자유롭게 의식적으로 선택할 수 있다고 생각하자. 감정이 여러분을 습격하는 것이 아니다. 여러분이 감정을 스스로 선택하는 것이다. 연인과 헤어지면 상대방이 없다는 것에 주목하기 때문에 '슬픔'을 느끼지만 지금부터 시작되는 새로운 인생에 눈을 돌리면 '즐거운' 것이 될 수 있다. 곧 또다시 없는 것에 주목해 버릴지도 모르지만, 주목할 대상을 바꾸면 감정도 자연스레 바뀐다. 앞서 각 감정은 무엇에 주의를 향하는지 몇 가지 상태를 정리했다. 이런 내용을 지식으로 알아 두는 것만으로도 자신의 상태에 대한 물음과 가설을 돌릴 수 있다.

감정에 좋고 나쁨은 없다

감정을 이해하고 자신의 주의가 어디를 향하는지 이해한다면 이제 감정을 '선택'할 수 있다. 하나의 사건을 보고 단 하나의 감정만 발생하는 일은 없다. '화'를 내려놓고 '슬픔'

을 느낄 수 있다. 그리고 그 후에 '편안함'을 느낄 수도 있다. 감정 중에 느껴서는 안 되는 것이란 없다. 끊임없이 행복을 느끼는 것이 좋다고만 단정할 수도 없다. 그보다는 하나의 감정에만 파묻혀서 계속 그 감정에 지배당하는 일을 피해야 한다. 오히려 여러 감정을 느끼는 편이 좋다. 모든 세상만사를 다양하게 해석할 수 있는 것처럼, 감정이 하나에 지배당한다는 말은 해석이 고정되어 버린다는 의미다. 모든 감정은 사람이 살아남기 위해 중요하므로, 모든 감정을 느끼는 편이 좋다.

감정의 열두 가지 분류를 바탕으로 감정을 통해 리스크 인지나 정보 처리의 방법이 달라진다는 점도 연구되고 있다. 예를 들어 '화'를 느꼈을 때 사람은 리스크를 낮게 평가한다. '불안(공포)'을 느꼈을 때는 그 반대다. 무척이나 강한 적이 눈앞에 나타났을 때 그 적에게 '화'를 느꼈다면 맹목적으로 맞설 수 있지만, 적에게서 '불안(공포)'을 느꼈다면 리스크를 높게 평가하므로 도망치는 쪽을 선택할 것이다. 또한 '화'를 느꼈을 때는 뇌가 정보를 제대로 처리하지 못하게 된다. 반대로 '불안(공포)'을 느꼈을 때는 분석적으로 처리해 지나치게 논리적으로만 생각한다.

그렇다면 긍정적 감정은 어떨까? 긍정적 감정이라고

하면 환영하기 쉽지만 '행복'이라고 그저 좋기만 한가 하면 그렇지도 않다. '행복'은 리스크를 낮게 평가하기에 계획을 세울 때 태도가 조금 느슨해진다. '자랑스러움'을 느낄 때도 리스크를 낮게 평가한다. 이처럼 같은 정보를 받아들여도 감정에 따라 처리 방법에 큰 차이가 생기며, 서로 다른 의사 결정을 하게 된다. 중요한 점은 감정을 무리하게 제어하려 하지 말고 일단 스스로 이해하고 그에 따라 관찰이 왜곡되지 않도록 주의하는 것이다. 감정에 대한 지식이 있으면 감정과 행동의 상관관계를 관찰할 수 있다.

자신의 감정을 관찰하라. 그러면 자연스레 행동이 바뀐다. 물론 행동을 바꾸고자 분발해도 쉽게 바꿀 수는 없다. 그보다는 감정을 관찰하여 지금 주목하는 것을 손에서 내려놓으면 자연스레 감정이 바뀌고 행동이 바뀐다. 감정은 자신의 마음속에 있는 것이지만, 볼 수는 없다. 그렇기에 관찰이 전혀 시작되지 않는다. 그 실마리로 지식을 사용해 자문함으로써 관찰이 시작된다.

감정을 '정동'과
'혼합감정'으로 나눈다

앞서 살펴본 열두 가지 감정보다도 더욱 자세히 감정을 나눠 사고하기 위해 감정의 바퀴를 바탕으로 생각해 보고자 한다. '감정의 바퀴'wheel of emotions란 심리학자 로버트 플로칙이 정리한 도표로, 매우 알기 쉽다. 감정에 관해 각별히 염두에 두려고 내 휴대폰 바탕화면으로 설정해 두었을 정도다.

'감정'이라는 개념은 '혼합감정'mixed emotions과 '정동'affect이라는 개념으로 나눌 수 있다. 다만 어느 쪽이건 흔히 그저 감정이라는 말로 사용되기에 혼동하기 쉽다. 감정에 얽힌 사고는 아직 이만큼이나 제대로 이루어지지 않고 있다는 사실을 단어 표현이 확실하지 않다는 점을 통해서도 알 수 있다.

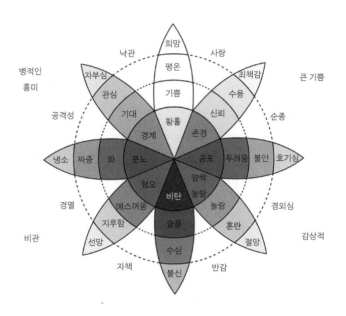

우선 '정동'에 대해 살펴보자. 정동은 앞서 살펴본 열두 가지 기본적인 감정과 비슷하다. 정동은 본능에서 비롯된 마음의 움직임이다. 인간뿐만 아니라 일부 동물도 느낄 수 있다. 정동을 느끼면 신체가 반응한다. 예를 들어 '화'다. 사람은 화가 나면 혈류가 증가하고 체온이 상승한다. 말투나 표정에서 화를 숨길 수 있더라도 신체 반응을 없앨 수는 없다. 주목할 대상을 바꿈으로써 정동을 내려놓을 수 있을지는 모르지만, 일단 한번 느끼면 반드시 몸이 반응한다. 요컨대 몸과 연결된 마음의 움직임이 바로 정동이다.

반면 혼합감정은 인간 특유의 것으로, 여러 기본적인 감정을 동시에 느끼는 상태다. 신체적인 반응은 없다. 혼합감정을 표정으로 전하는 사람도 있지만, 표정으로는 전혀 드러나지 않더라도 마음속으로는 강하게 느끼는 사람이 있다. 관측할 수 없다고 해서 느끼지 않은 것은 아니다. 예를 들어 '사랑'이 있다. 사랑은 '신뢰'와 '기쁨'이 혼합된 감정이다. 사랑하는 사람과 친한 친구를 구분하는 것이 무엇일까 생각해 보면 사랑이 신뢰와 기쁨의 혼합감정이라는 점이 무척이나 확 와 닿는다. 이야기에서 연애 장면이 그려져도 두 사람이 진짜 사랑하고 있는지 어떤지는 잘 전해지지 않을 때가 있다. 그것은 기쁨이나 신뢰의 어느 한쪽밖에 전해지지 않는 에피소드로 구성되어 있어서 그 양쪽을 동시에 느끼지 못하기 때문일 수 있다. 감정에 관해 깊게 이해하게 되면, 어찌 된 까닭인지 이야기에 리얼리티가 없을 때 어디에 문제가 있는지 알게 된다.

그렇다면 '슬픔'과 '애절함'의 차이는 무엇일까? 슬픔이란 없는 것에 주의가 향한 상태다. 사랑하는 사람이 죽어서 없으므로 '슬퍼한'다. 사랑하는 사람이 죽었기에 만약 그 사람이 있다면 분명 이런 말을 했으리라고 상상하며 '애절해'진다. '애절함'은 '슬픔'과 '신뢰'의 혼합감정이기 때문이다.

타자로부터 보이지 않는

선물을 받는다

내게는 소년 만화와 성인 만화를 가르는 기준이 있다. 그것은 그리는 감정의 차이다. 소년 만화라 불리는 장르는 정동의 변화를 중심으로 이야기가 전개된다. 클라이맥스에서는 주인공의 감정이 폭발한다. 온몸을 써서 감정을 표현한다. 이러면 어린아이도 공감할 수 있는 이야기가 된다.

성인 만화는 혼합감정을 그린다. 등장인물의 표정이나 대사만으로는 무엇을 느끼고 있는지 알 수 없다. 예를 들어 남편이 죽고 난 후 아내가 "후련하다"라고 말하면서 웃는다. 하지만 그 웃는 얼굴에서 엄청난 상실감과 슬픔이 전해진다. 울 수도 없을 정도의 슬픔, 그와 같은 감정을 그리는 것이 성인 만화라고 생각하며 편집한다.

주인공에게 공감하며 이야기 전개와 함께 정동이 흔

들리는 것은 흡족하다. 다만 그보다 나는 혼합감정을 이해하는 쪽에 관심이 있다. 혼합감정은 제각각 사람의 마음속에서 벌어지고 있을 뿐이라서 바깥에서는 헤아릴 수 없다. 자신이 경험해 본 혼합감정을 통해 타자의 감정을 유추하기에는 한계가 있다. 그렇기에 나는 이야기를 통해 혼합감정을 세세히 알고 싶다. 그리고 이야기에서 만난 혼합감정을 현실 속에서 관찰하여 해석하고 싶다.

사람이 만든 것에는 혼합감정이 담긴다. 그 혼합감정을 해석하고 받아들이는 것은 결국 타자로부터 익명의 선물을 받는 것 아닐까. 세상은 사실 그런 선물로 넘쳐나며, 그 사실을 깨닫는 능력을 단련한 사람만이 그 선물을 받을 수 있다. 사회에서 볼 수 없는 혼합감정을 깨닫는 것이 그런 선물을 받는 방법이라고 생각해야 한다.

그렇기에 나는 함께 일하는 만화가에게 감정의 소중함을 정성껏 전한다. 플로칙의 감정의 바퀴에서 감정 하나를 선택해 만화를 그려 보라고 과제를 내기도 한다. 만화가마다 제각각 어떤 식으로 감정을 관찰하고 만화로 완성할지 궁금했기 때문이다. 최근 함께 일하게 된 신인 만화가 이치뵤一秒가 감정을 이해하기 위해 그린 만화가 있다. 참고가 되리라 생각해 여기에 싣는다.

개성은 존재하지 않는다.
타자와의 '관계성'에 주목하자

나는 어떤 존재인가. 드래곤 퀘스트 같은 롤플레잉 게임을 하다 보면 플레이어는 노력해서 스킬을 몸에 익히고 장비를 몸에 걸친다. 우리는 현실에서도 그런 식으로 자신이 성장해 나가는 모습을 상상한다. 나와 여러분은 서로 다른 몸을 가진 개별 존재다. 나를 구성하는 것은 나의 육체이자 기억이다. 성장하는 것은 '나'라는 개인이다. '개인'이 분명히 존재한다는 것을 당연하게 여기며 지금의 사회는 돌아간다. 개인의 권리와 개성이 존중받아야 하고 그것을 침해해서는 안 된다는 것이 기본 전제처럼 여겨진다. 편집자로 일하다 보면 작가의 '개성'에 주목하게 된다. 학교 교육에서도 '개성'이 중요하다고 가르친다. 하지만 '개성'이 정말로 당연히 존재할까.

나쓰메 소세키 문학의 주제는 '근대적 자아의 고뇌'다. 조금 거친 논의지만, 근대적 자아란 개성이나 개인이라고 말할 수 있다. 결국 나쓰메 소세키는 개인으로서 어떻게 살아야 할지 고민했다는 말이다. 나는 솔직히 그가 왜 그렇게 고민했는지 알지 못했다. 그렇게 고민할 거리가 있었을까. "에도시대에는 개인이라는 개념이 없었으며, 서양의 근대 합리주의가 메이지 시대가 되어 일본에 들어온 이후 개인이라는 개념이 생겨나……"라는 설명을 들어도 개인이라는 개념이 없다는 상태 자체를 전혀 상상할 수 없었다.

우리는 개인이라는 개념이 있는 것이 지극히도 당연한 시대를 살고 있다. 자격증을 따거나 기술을 몸에 익히는 이유도 개인이 먼저 있고, 그런 가운데 개성이 발휘된다고 믿어 의심치 않기 때문이다. 시험 성적을 올리려고 노력하는 것도 마찬가지 발상일 것이다. 인맥 또한 인간관계를 개인에 속한 소유물이라고 생각한다는 점에서 개인을 중심으로 한 사고방식이다. 어떻게 개인을 단련할까 고민하는 사회 속에서 살아가지만, 정말 그만큼 개인이라는 것이 강고히 존재할까.

중국에서는 '신용 점수'가 사회 인프라가 될지도 모른다고 한다. 그 사람을 어느 정도 신용할 수 있는지를 수치화

한 것으로, 구매 이력이나 지불 능력, 프로필 등의 데이터를 축적한다. 개인이 확고히 존재한다는 전제가 없다면 이런 지표를 만들 수 없다. 하지만 한번 개인이라는 개념이 당연하다고 생각하기를 멈추고 관찰해 보자. 속담 중에 '근묵자흑'이 있다. 나는 처음에 이 속담의 의미를 "사람은 다른 사람의 영향을 받는다"라고 가볍게 생각했다. 하지만 보다 깊이 생각해 볼 필요가 있지 않을까. 앞서 소개한 '분인주의'처럼, "사람은 분인의 집합체이며, 중심이 되는 나나 진짜 나는 없는 것" 아닐까.

그렇다면 무엇을 관찰하면 좋을까. 나는 어떤 존재인가, 라는 물음에 어떻게 답하면 좋을까. 철학자 호세 오르테가는 "나는 나 자신과 나의 환경이다"라고 정의한다. 이 정의는 무척이나 와 닿는다. 환경이란 분인의 집합체라고도 할 수 있다. 그리고 분인이란 자신과 타자, 자신과 공간과의 관계성이다. 사람은 그 사람 혼자서 외따로 개인으로서 존재하지 않는다. 도넛의 구멍처럼 그 주변을 둘러싼 타자나 장소와의 관계성 속에 사람이 있다. 개인이 도넛의 구멍과 같다면, 우리는 한없이 허무에 가까운 것을 확고하다고 파악한다는 말이 된다.

사람은 관계성 속에서만
힘을 발휘한다

관계성이야말로 그 사람의 본질이며, 중심은 없다고 생각하고 세상을 관찰해 보자. 그러면 에도시대가 어떤 시대였는지, 나쓰메 소세키의 고뇌가 어떤 것이었는지 조금은 상상할 수 있다. 관계성에 주목하면 개인이란 확고한 것이 아니라 무척이나 애매한, 아메바처럼 흔들리며 움직이는 것이 된다. 관계성이 달라지면 개인의 모습도 달라진다.

예를 들어 나는 도쿄에서 후쿠오카로 이주하며 사는 공간과 만나는 사람이 크게 바뀌었다. 이사한 지 겨우 몇 달밖에 지나지 않았고, 내 이전 경력이나 능력 등은 아무것도 달라지지 않았기에 나는 여전히 나라고 말할 수 있다. 하지만 관계성을 관찰하고 나라는 인간을 유추하면 지금의 나는 수개월 전의 나와는 완전히 다른 사람이다. 그리고 나는 그 관계성에 주목하여 내 모습을 생각하는 편이 더욱 와 닿는다. 사람은 그렇게 고정되어 있지 않다.

내가 아는 한 전문 경영인은 임원으로 이직해 온 사람이 큰 활약을 하지 못하더라도 1년은 기다린다고 한다. 개인의 능력만으로 갑자기 활약할 수 있는 사람은 기본적으로 없기 때문이다. 새로운 직장에서 새로운 관계를 쌓든지, 아니면 전 회사의 직원을 3명까지 데리고 오라고 허용한 다음 결과를 내는지 판단한다고 한다. 능력 또한 확고한 것이 있을 리 없으며, 관계성 속에서만 발휘된다.

코르크에서는 입사하는 사람에게 두 가지 진단 테스트를 시킨다. 스트렝스 파인더strength finder와 FFS 이론 두 가지다. 이 두 가지 진단 테스트의 도입은 그야말로 내가 관찰하는 대상의 확장과 통한다. 스트렝스 파인더는 개인의 강점을 이해하기 위한 테스트다. 사람의 강점을 34개로 나누고 자신은 이 중 어떤 강점을 가졌는지를 앎으로써 강점을 살릴 수 있게 된다. 이것은 자신을 알기 위한 도구다.

그다음 FFS 이론이라는 테스트도 사용하게 됐다. 이를 통하면 타자와의 관계성 속에서 어떻게 자신의 강점을 발휘하는지 진단할 수 있다. 관계성을 깨닫기 위한 새로운 시각을 얻게 되어 개인에서 관계로 나의 관찰 대상이 확대되었다. 관계성을 관찰한다고 해도 무엇을 어떻게 관찰하면 좋을지 짐작이 가지 않는다. SNS로 누구와 누군가가 이어져 있다는 사실을 알더라도 그 관계의 질까지는 예상할 수 없다. 그럴 때 FFS 이론은 가설을 제시한다. FFS 이

론 자체에 대한 자세한 설명은『우주형제』캐릭터의 성격과 관계성을 예로 설명한 후루노 도시유키古野俊幸의 책『우주형제와 FFS 이론이 알려 주는 당신이 모르는 당신의 강점』宇宙兄弟とFFS理論が教えてくれる あなたの知らないあなたの強み에 넘기겠다. FFS는 'Five Factors and Stress'의 약자로, 그 다섯 가지 인자란 '응축성, 수용성, 변별성, 확산성, 보전성'이다. 내 인자의 수치는 '응축성 17, 수용성 15, 변별성 14, 확산성 11, 보전성 2'였다. 이 수치는 시험 성적과는 다르다. 우수성

FFS 이론의 다섯 가지 인자에 의한 의사결정 행동 패턴

A: 응축성 - 정보가 불충분하고 확신을 분명히 가지지
　　　못하더라도 의사결정할 수 있다.

B: 수용성 - 주변 사람을 위한 결정을 한다. 다른 사람이
　　　어떻게 생각하는지를 우선시한다.

C: 변별성 - 곧바로는 의사결정하지 않으며, 정보를 모으고
　　　흑백을 확실히 판단하고 싶어 한다.

D: 확산성 - 자신에게 새롭게 여겨지는지 아닌지를 중요시한다.

E: 보전성 - 자신에게 안전한지 아닌지를 중요시한다.

※ 주식회사 휴먼로직 연구소의 다섯 가지 인자와
스트레스(FFS) 해설을 바탕으로 작성.

을 나타내는 것이 아니며 어떤 사람과 함께 일하면 자신의 강점을 발휘할 수 있을지 예측하는 데 참고가 되는 수치일 뿐이다. 내 수치는 응축성이 다른 인자에 비해 높다. 이것은 독자적인 고집이나 가치관이 있다는 뜻이다. 그러므로 수용성이 높은 사람과 함께라면 그 사람은 내 고집을 실현하고자 협력해 주어 서로에게 도움이 된다. 하지만 수용성이 낮은 사람과 함께라면 서로가 완고하다고 생각해서 서로 맞부딪힐 가능성이 있다.

확산성이라는 인자는 새로운 시도를 하고 싶어 하는 인자다. 보전성은 이미 있는 시스템을 갈고닦는다. 즉 확산성이 높은 사람이 첫 시도를 하고, 그 후에 보전성이 높은 사람이 쾌적한 시스템으로 만들어 나간다. 확산과 보전은 장기적인 프로젝트에서는 서로 보완 관계를 이루어 서로에게 도움이 된다. 다만 단기적인 프로젝트라면 확산성끼리나 보전성끼리인 편이 좋을 때도 있다.

'행동'이 아니라 '존재'에 주목한다

만화 『우주형제』는 인간에 대한 묘사가 뛰어나다. 이야기 속에서 주인공 뭇타는 우수하지도 않고, 차례로 밀려오는 난제를 스스로 해결하지도 못한다. 하지만 주변 사람과의 관계 속에서 자신의 능력이나 주변의 능력을 끌어내는 것이 뭇타의 강점이다. 폐쇄된 환경에 있을 때도 뭇타는 서로 충돌하는 개성적인 우주비행사 후보자들 각자의 매력을 끌어낸다. 새로운 그룹이 되자 다시 처음부터 시작한다. 달에 함께 체류하는 괴팍한 우주비행사 그룹 '조커즈'에서 뭇타가 능력을 발휘하려면 다른 우주비행사와 관계를 쌓아야만 한다. 만화에서는 뭇타가 관계를 구축하여 자신과 주변의 능력을 발휘하게 하는 모습이 실감 나게 그려진다.

사람의 능력은 관계 속에서 발휘되며 사람은 관계 때문에 고민한다. 그 사람을 그 사람답게 만드는 것은 그 사람의 능력보다도 그 사람이 쌓은 관계다. 게임 드래곤 퀘스트처럼 한번 마법을 외우면 그 후 같은 과제에 언제나 똑같이 대응할 수 있는 것이 아니다. 능력이란 그렇게 고정되어 있지 않다. 사건이 연이어 벌어지고 능력을 토대로 일을 해결하는 에피소드가 반복되는 식으로 많은 이야기가 전개된다. 그러나 내가 진짜로 좋다고 느끼는 이야기는 사람과 사람의 관계를 그린다. 관계에서 '그 사람다움'을 그려 낸다. 어떻게 하면 만화가가 관계성을 관찰하여 그것을 작품에 반영할 수 있을까. 이것을 편집자로서 항상 고민한다. 나 또한 어떻게 해도 한 개인이 있다는 전제로 관찰하는 습관이 들어서 관계성을 제대로 관찰하지 못한다. 개인에 주목하면 그 사람의 '행동'에 주목한다. 하지만 관계성에 주목한다면 사람과 사람의 '존재'에 주목하게 된다. 하지만 어떻게 하면 '존재'를 관찰할 수 있을까. 아직 그에 대한 단서를 채얻지 못했다.

　내가 쓴 두 번째 책 제목은 『We are lonely, but not alone』이다. 『우주형제』에 등장하는 우주비행사 에디의 대사를 제목으로 삼았다. 나는 이 대사를 무척이나 좋아해서 계속 그 말의 의미를 생각한다. 말로는 쉽지만, 의미하는 바를 이해하기란 무척이나 어려운 일이다. "우리는 고독하다. 하지만 혼자는 아니다."

　우리의 지각은 육체와 뇌에 제한당한다. 그렇기에 같은 파란색을 봐도 똑같이 파란색으로 느끼는지는 알 수 없다. 어떻게 해도 서로의 마음속은 피차 전부 알 수 없다. 그

모든 비행사들은 조금씩 불안을 느끼기 시작한 듯하다.

그래도 괜찮다. 모두 알고 있다.

우리는 고독하다.

하지만 혼자는 아니다.

We are lonely, but not alone.

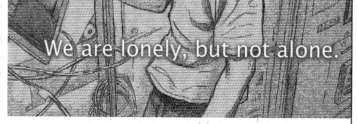

We are lonely, but not alone.

『우주형제』(31권)

런 의미에서 고독하다. 동시에 우리를 만드는 것은 관계성
이다. 그 관계 위에 우리 자신이 있다. 그렇기에 혼자는 아
니다. 이 에디의 대사는 이 책에서 주장하는 느낌에 가까운
것을 무척이나 적절히 표현하고 있다.

제5장

애매모호함을 추구하자

:

정답을 내려놓고
판단을 유보한다

관찰이란 본능에
저항하는 행위

에포케epoché.

　너무나 맥이 빠지는 울림을 가진 말이다. 고등학교 윤리 수업에서 그리스 철학 용어로 나온 적이 있어서 막연히 그 울림만 기억하고 있었다. '판단 중지'를 의미한다고 들었다. 하지만 어째서 판단 중지를 굳이 특별한 단어로 말해야 할까, 좋은 판단을 조금이라도 빠르게 하는 편이 좋지 않을까 생각하고는 에포케에 대해서는 완전히 잊고 있었다. 하지만 최근 내 머릿속에서는 무슨 일이 있을 때마다 '에포케'라는 말이 뻐꾸기 소리처럼 울려 퍼진다.

　에포케. 이 말이 가진 중요함을 겨우 깨달았다. 우리는 아무것도 모르는 채 태어난다. 그렇기에 어른이 아이를 지키고 가르친다. 사람은 지식을 익히고 싶어 한다. "알고 싶어!" 하고 원한다. 상대의 이야기를 들으며 우리는 고개를 계속 끄덕인다. 무슨 말인지 알았다고 전하기 위해서다. "알겠어?"라는 질문을 들었을 때의 답은 "예"가 나와야 한다. "잘 모르겠으니 다시 한번 말해 주세요", "그거, 알아야 하는 건가요?" 같은 답은 아무도 원하지 않는다. 일상생활 속에서 서둘러 '아는 존재'가 되고자 노력한다.

우리가 필사적으로 무언가를 배우고 알고자 하는 이유는 좋은 판단을 하기 위해서다. 다들 좋은 판단을 내리는 사람이 되고 싶어 한다. 그리고 좋은 판단을 위해 정보를 구한다. 자기계발 책을 읽는 이유는 그 책에 담긴 사고방식을 바탕으로 사고하고 행동하면 지금의 자신보다 좋은 판단을 할 수 있지 않을까 기대하기 때문이다. 내 안에서 무언가를 '알겠다'라고 생각한 순간에 에포케, 하고 새가 운다. '알겠다니 뭐를?', '어떤 상태야?', '알고 싶다고 생각하는 이유는 무엇 때문이지?' 연달아 물음이 날아든다.

파랑새가 있으면 세상은 얼마나 편할까. 파랑새, 나무아미타불, 복권 당첨. 절대적인 행복의 상징. 손에 넣으면 행복해진다고 사람들이 여기는 것. 하지만 어떤 것도 손에 들어오지 않는다. 손에 들어오지 않기에 평생 추구한다고도 할 수 있다. 에포케란 '절대'를 포기하는 것이다. 나는 에

제5장   애매모호함을 추구하자

포케라는 단어를 입 밖으로 꺼내고 다시 관찰을 시작함으로써 '파랑새를 쫓지 않는 인생'을 살고 싶다.

'배움'에는 두 가지 종류가 있다. 지금부터는 '배움'이라는 행위를 두 가지로 나눠 보고자 한다.

① 기술을 몸에 익힘으로써 무의식적으로
   행동하기 위한 배움
② 몸에 익힌 기술을 의식적으로 행동하기 위한 배움

학교 교육이나 일반적인 배움은 대개 ①에 해당한다. 어떻게 ①의 배움을 효율적으로 행할까를 많은 사람이 논의한다. 『드래곤 사쿠라』에서 전한 것은 그야말로 ①의 배움을 어떻게 효율적으로 행할지였다. 작품에선 주입식 학습을 통해 기초학력을 몸에 익히는 것이 중요하다고 주장한다. 그러나 관찰을 둘러싼 나의 사고는 어떻게 ②의 배움을 할 것인가로 종결된다. 최근 자주 듣게 되는 '언런'Un-learn이라는 배움의 방식과 비슷한 것도 같다. 한번 몸에 익힌 배움을 의식적으로 손에서 내려놓는 것인데, 손에서 내려놓으려면 편향이나 감정을 이해하고 관찰해야 한다.

②의 배움을 언런이라고 치면, 그것은 런learn, 즉 ①의

배움 이후에만 올 수 있다. ①의 배움을 끝까지 이루고 난 뒤가 아니면 불가능하다. ①을 거치지 않고 ②의 상태로 갈 수는 없다. 그리고 ②는 판단을 중지할 때, 즉 에포케일 때 찾아온다. 3장에서 편향을 깨닫고자 할 때 '물음'이 효과적이라고 말했다. 물음을 만들고 그 물음을 해결하기 위해 관찰함으로써 판단이 중단되고 무의식적으로 행하던 것을 의식적으로 하게 된다.

우리는 의식하는 것밖에 사고하지 못하기에 무의식의 힘을 낮게 평가하곤 한다. 하지만 많은 반응은 무의식적으로 행해진다. 그뿐 아니라 우리는 평소에도 어떻게 무의식적으로 행하고 습관화할 수 있을지 노력하고 있다. 자동차 운전을 예로 들어 보자. 운전면허학원에 다닐 때는 주변에 사람은 없는지 등 세세하게 체크하는 등 우회전할 때 몇 단계의 과정을 교육받는다. 하지만 운전에 익숙해지는 것은 이런 중간 과정을 건너뛸 수 있는 것이 아니라 여러 과정을 무의식적으로 행할 수 있게 되는 것뿐이다. "익숙해졌을 때가 가장 위험하다"라는 말은 무의식적으로 행할 때 필요한 과정이 빠져 버렸음에도 무의식이라 그것을 깨닫지 못하기 때문이다.

스포츠 트레이닝에서 빈 스윙을 많이 하는 이유도 무

의식적으로 몸이 움직이도록 만들기 위해서다. 매번 의식하며 몸의 움직임을 체크하다 보면 한창 시합 중에는 타이밍을 맞추기 힘들 것이다. 무엇보다도 뇌가 지쳐 버리면 많은 정보를 전부 처리하지 못한다. 그래서 중요한 반응은 무의식이나 편향, 감정에 맡김으로써 뇌의 빈 용량을 만들어 그 밖의 다른 것을 관찰할 수 있게 만들어야 한다. 2장에서 말한 우직한 디스크립션, 철저한 따라 하기, 틀을 몸에 익히기의 목적은 이처럼 '동작을 무의식에 두는 것'이다. 알고 있다고 느끼면 무의식적으로 판단할 수 있다. 무의식적으로 판단하면 위험하지 않다. 올바른 결단이었는지 마음이 쫓길 필요가 없다. 학습을 통해 무의식적으로 행하게 만드는 것은 신체적인 부분만이 아니다. 계산도 그렇고 사고법도 그렇다. 세상에서 흔히 말하는 '직감'이나 '센스'란 사고를 무의식에 두고 예측하는 일이며, 무의식에 둔 것이 많을수록 다양한 가설을 떠올리기가 쉽다. 일정량의 지식이나 경험이 있으면 무의식적으로 가설이 떠오른다.

　　사람은 알고 싶어 한다. 진짜 정답은 없다고 하더라도 정답 쪽에 서고 싶어 한다. 모호함에서 벗어나고 싶어 한다. 편향과 감정 모두 의사결정을 무의식적으로 행하도록 돕는 행위다. 가능한 한 무의식적으로 움직이고 싶어 하는 것이 사람의 본능이다. 본능은 무의식이 사람을 자동으로 조종해 살아가도록 이끈다. 관찰이란 그렇게 무의식적으로 행하는 행위를 모두 의식하는 것이다. 즉 관찰이란 본능에 저항하는 행위다.

이미 아는 것을 관찰하고 손에서 놓으면 모호한 세계가 된다. 정답 따위 없는 세계가 된다. 모호한 세계는 불안하다. 그래서 그대로 계속 있으려면 용기가 필요하다. 모호한 상태로 세상을 관찰하고 자신의 감정을 관찰하고 자신의 감정에 따르는 것. 그것이 내가 목표로 하는 삶의 방식이며, 어떻게 하면 모호한 채로 세상을 맛보는 일에 익숙해질수 있을까, 늘 생각한다.

'절대'의 반대는 무엇일까

내가 관찰력을 단련하는 이유는 알고 싶기 때문이 아니다. 모르는 채 모호한 상태인 채로 있기 위해 관찰력을 바란다. 1장에서 '좋은 관찰에는 물음과 가설의 무한 반복이 일어난다'라고 정의했다. 무한 반복이 일어나면 모든 것을 다 아는 상태는 영원히 오지 않는다. '알겠다!'라고 생각해도 좋은 관찰에 의해 곧장 다음의 '모르겠다!'가 와 버린다. 좋은 관찰이 이루어지면 자연스레 모호한 상태로 계속 존재하게 된다. 좋은 관찰에서는 절대적인 답을 찾을 수 없다.

여기에서 다시 『우주형제』의 에피소드를 생각해 보자. 『우주형제』는 무척이나 생생하게 등장인물의 인생을 그린다. 그렇기에 반복해서 읽으면서 인생을 생각할 수 있다. 나는 작품을 편집한 것이 아니라 그야말로 작품을 통해 인생을 되돌아보고 거기에서 느낀 점을 작가에게 전한 것 같다.

『우주형제』에서 동생 히비토는 자신 안에 '절대'가 있다고 말한다. '절대'를 가지고 있는 히비토는 일직선으로 꿈을 향해 나아간다. 한편 능력은 있지만 머뭇머뭇 고민하기만 하는 뭇타는 꿈을 향해 곧바로 나아가지 못한다. 우여곡절로 가득 찬 인생이다. 하지만 곤경에 부딪히자 히비토는 공황장애를 얻게 된다. '절대'를 가진 대신 애매모호함이 없던 히비토는 자신의 능력으로 당장은 뛰어넘을 수 없는 벽을 마주하자 스트레스를 조절하지 못한다. 반면 모호함을 가진 뭇타는 어떤 어려움에도 무덤덤하게 맞서며, 얼핏 불가능해 보이는 곤경도 물리친다(사실 곤경을 물리친다기보다는 피한다는 표현이 더 적합하긴 하다). 공황장애를 겪던 히비토는 나사의 우주비행사라는 자리를 버리고 일본인이면서도 러시아의 우주비행사라는 무척이나 어중간한 입장이 된다. 그리고 부활한다. 절대가 사라지고 모호함을 받아들였을 때 히비토가 다시 일어설 수 있었다는 점은 무척이나 시사하는 바가 크다. 작가 코야마는 '절대에서 모호함으로'라는 생각을 바탕으로 스토리를 만들지는 않았다. 그저 현실성 있는 이야기를 궁리하다 보니 이런 전개가 펼

쳐진 것이다.

'절대', '무조건'의 반대는 '조건 있음'이 아니라 '모호함'이라고 내게 가르쳐 준 것은 커뮤니케이션론 연구자인 와카신 유준이다. '상대적'이나 '객관적'과도 조금 뉘앙스가 다른 '모호함'. 와카신은 후쿠이와 도쿄를 오가며 자신이 어디에 살고 있는지, 후쿠이 사람인지 도쿄 사람인지 어중간한 상태인 것이 사고를 자극했다고 말하며 내게도 지방 이주를 추천했다. 후쿠오카 이주는 거주지를 모호하게 하라는 그의 추천을 받은 영향도 있다.

막 경영자가 되었을 무렵, 선배 경영자로부터 『성공하는 기업들의 8가지 습관』을 추천받아 읽었다.

> 성공하는 기업은 '아니면(OR)의 강박'에 굴하지 않고 '그리고(AND)의 능력'을 기반으로 자유롭게 사고한다. '그리고'의 능력이란 여러 측면에 있는 양극단의 것을 동시에 추구하는 능력이다. A 아니면 B 중 하나를 선택하는 것이 아니라 A 그리고 B 모두를 취하는 방법을 찾아내는 것이다.
>
> ― 제리 포라스·짐 콜린스 저, 『성공하는 기업들의 8가지 습관』

'아니면'(OR)으로 판단을 반복하면 회사는 커지지 않는다. '아니면'의 태도를 취하는 이상 회사의 그릇은 계속 작을 것이다. '그리고'(AND)의 사상을 가져야 앞으로 나아갈 수 있다. 얼핏 우유부단하게도 보일 수 있는 이 사상은 모호함을 권하는 것이기도 하다. 모호함을 남긴 채 어떻게 실현해 나갈까. 현실이 '그리고'일 때 회사가 '아니면'으로 내몰면 현실에 제대로 대응할 수 없다. 이 책을 처음 읽었을 때 '그리고'를 실현하는 아이디어를 발명하라는 내용이라고 이해했다. 하지만 지금은 모호함을 받아들이는 여유를 가지라는 내용으로 이해하고 있다.

다양성이라는
애매모호한 세계

모호한 사고법을 받아들이는 것은 내 삶에서 개인적으로 추구하는 것이기도 하지만, 지금 시대에 적합한 사고방식이기도 한 것 같다. 19세기 런던 박람회는 공업화 사회의 상징이었다. 기존에는 맞춤으로 하나하나 모두 다른 것이 당연했지만, 점점 공업 제품의 표준화를 요구하게 되었다. 박람회는 최고의 기준점을 세상에 선보이는 장이다. 사람들은 기준을 손에 넣고 싶어 했다. 집을 갖고 차를 가지는 것. 다양한 가전제품을 가지고 휴일에는 여행을 떠나는 것. 이상적인 삶의 기준을 손에 넣기 위해 고학력을 거머쥐고 유명한 회사에 들어갔다. 어떻게 하면 기준을 손에 넣을 수 있을까 고민했다.

표준화처럼 '정답'이 명확하고 절대적이라면 연구를

거듭해 효율화도 가능하다. 우리는 공업화 사회, 자본주의 사회를 만드는 정답을 자기 인생의 정답으로 착각하고 추구해 왔다. 아날로그 시대에는 대량의 정보를 처리할 수 없었다. 그렇기에 효율을 요구하며 현실을 취급하기 쉽도록 간략화해 인식했다. 그러나 인터넷이 보급된 후부터는 로봇이나 AI가 인간이 지금까지 해 왔던 대량의 정보 처리를 대체한다. 이를 통해 생겨난 여유 시간에 우리다움, 모호함을 마주할 여유가 사회 전체에 생겨났다.

예를 들어 LGBTQ(성 소수자)는 예부터 줄곧 존재했다. 하지만 사회가 이들을 의식할 여유가 없었다. 남녀라는 둘뿐인 알기 쉬운 개념으로 애매모호함을 배제함으로써 사회를 구성했다. 당사자들은 위화감을 느끼면서도 그 감정을 억누르고 사회에 맞춰 살아갈 수밖에 없었다.

현실에는 모호함이 넘쳐난다. 그것을 사회의 상식, 이미 아는 지식의 틀로 바라보는 한 그 모호함을 깨달을 수 없다. 모호함은 스스로 관찰함으로써 발견해야 하며, 그리고 그것을 애매모호한 채로 받아들여야만 한다. 다양성이 있는 사회란 모호함을 받아들이는 사회다. 이것을 머릿속으로는 이해한다. 하지만 실천하고자 하면 일반적인 수단으로는 불가능하다. 아직껏 우리 사회는 표준화와 다양성 사이에서 흔들리고 있는, 가히 변화의 시기다.

학교 교육은 물론 업무 면에서도 일반적으로 지금까지 '아는 것'은 좋은 일처럼 여겨졌다. '습득이 빠르다', '이해가 빠르다', '말귀가 밝다'는 칭찬의 말로 사용되었다. 표준화를 목표로 삼으면 같은 행동을 반복하기에 일은 정형화된다. 정형화된 일을 '아는 것'의 가치는 높다. 올바른 절차를 알지 못하면 작업할 수 없기 때문이다. 작업의 경우, 아웃풋을 보면 아는지 모르는지 일목요연하게 알 수 있다. 아는 사람이 알지 못하는 사람을 채점할 수 있다.

학교 교육에서 말하는 '아는 것'이란, 기본적으로 작업의 절차를 '지식으로 아는 것'을 의미한다. 지식으로 알면 사회에서 가치를 지닌다. 사법시험도, 의사 국가시험도 지식으로 아는지 여부를 확인한다. 나라가 부여하는 다양한 자격은 대개 그렇다. 그러나 인터넷의 영향으로 지식으로 아는 것의 가치가 떨어졌고, 동시에 아는 것 자체의 가치도 떨어졌다. 그 대신 애매모호한 상태, 모르는 상태로 어떻게 사고하고 행동하는지의 가치가 상대적으로 커졌다. 하지만 학교나 업무를 통해 스며든 사고 습관은 쉽게 버리기 어렵다. 대학에 입학하자마자 교수에게 이런 말을 들은 것을 기억한다.

"만 18세의 여러분은 세상에서 가장 보수적입니다. 교과서에 적힌 '아는 것'만 머릿속에 채워져 있죠. 하지만 혁신적인 생각을 하려면 교과서 밖의 '모르는 것'을 계속해서 배워 나가야 합니다. 대학이란 아는 것을 가르치는 자리가 아니라 모르는 것을 함께 배우는 자리입니다."

이 말의 의미를 나는 계속 생각했다. 그럼에도 역시 '아는 것' 추구하기를 멈추지 못했다. 책이 잘 팔리는 것이 정답이라는 것은 편집자로서 잘 아는 것이다. 그 정답을 손에 넣으려고 다양한 연구를 거듭했다. 계속 정답만 추구해 왔다.

왜 『논어』에서 마흔을 '불혹'이라고 말하는지 생각했다. 그리고 왜 나는 마흔이 되어서도 정답을 모르겠는지 고민했다. 하지만 문득 아닐지도 모른다는 것을 깨달았다. 그것이 정답일지도 몰라, 이것이 정답일지도 몰라, 하고 망설이지 않는 것이었다. 절대적인 정답을 손에 넣는 것을 의미하지 않는다. 완전히 반대의 의미로, '알지 못하는 것', '모호한 것'을 받아들일 수 있기에 망설이지 않는다는 의미다. 정답을 추구하기를 멈추는 것, 알지 못하는 것을 계속 마주하는 것이 불혹, 마흔이었다.

편집자가 만든 책이 잘 팔리는 것도 그저 결과일 뿐, 목표로 삼을 정답은 아니다. 애매모호함을 받아들이고, 모르는 것을 마주하는 것은 목적을 손에서 내려놓는다는 의미다. 목적이 있으면 목적이 정답이 되어 버린다. 그 대신 모르는 것을 마주하는 데만 집중한다. 일어나는 일은 전부 그렇게 마주한 결과다. 결과를 보고 마주하는 방법을 바꾼다. 결과를 목적으로 삼지 않는다. '아는 것'이 다 이상적인 상태는 아니다. '아는 것'에서 멀어지려고 노력하며 세상을 관찰하니 다른 세상이 보이기 시작했다.

정답주의와
사고를 정지시키는 표현

대화 도중의 "알아"라는 말은 마음의 셔터를 내리는 말이기도 하다. 대화 중 "알고 있어요"라는 말을 들으면 더는 그 화젯거리가 이어지지 않는다. 나는 아직 말하고 싶은 것, 전하고 싶은 것이 남았는데도 대화는 중단되어 버린다. "알아, 알아"라고 연이어 답하면 "아니, 진짜 알고 하는 말 맞아?" 하고 화가 난 경험이 누구에게든 있을 것이다. 일상적인 대화에서 "알았어"란 말은, 많은 경우 화제를 돌리기 위해 꾀한 말일 때가 많다.

　코치하는 법을 배우다 보면 안다는 말을 쉽게 사용하면 안 된다는 걸 알게 된다. "(나도) 알아"라는 말은 상대방에게 상처 줄 때가 있다. 상처 입은 상대에게 "나도 같은 경험이 있어서 당신의 마음을 잘 알아요"라고 말하면 "당신의 경험과 내 경험은 달라. 당신은 내 마음을 몰라!"라며 상대가 더 이상 말하기를 그만두기도 한다. 조금 더 이야기해 주기를 바라며 공감을 전한 말이 역효과를 내는 것이다. 안다는 말로 자신이 먼저 셔터를 내렸기에 상처 입은 상대방도 셔터를 내리지 않을 수 없다. 감정이 아직 정리되지 않아 스스로도 어떻게 하면 좋을지 알지 못할 때, "당신의 마음을 안다"라는 말을 들으면 내팽개쳐진 기분이 드는 법이다. 나도 알지 못하는 마음을 어떻게 당신이 알 수 있는가, 하고.

　알지 못하는 상태에 몸을 놓아두는 것은 사고를 멈추지 않기 위해서다. 관찰하고 가설을 세우고 물음을 찾는다. 그것을 반복한다. 그렇게 생각하면 "알아" 외에도 사고를 멈추게 하는 표현을 일상적으로 사용하고 있다는 사실을 깨닫는다. 내가 아는 상태라고 분류해 버렸기에 사고하지 않은 상태로 포기해 버린 말들.

얼핏 겸허하게 생각되는 말도 사고를 멈추게 부추기는 말일 때가 있다. 너무 정답만 추구하다 보니 정답이 어렵다고 생각하면 아예 그 생각을 자신에게서 멀리하고 보지 않으려 한다. 예를 들어 "잘 못해"라는 말이다. 많은 사람이 잘 못한다고 말할 때를 보면, 단순히 경험이 부족한 것인데도 이미 불가능하다고 포기해 버린 경우일 때가 있다. "어려워", "분발할게"라는 말도 사고가 멈추는 말이다. 선명도를 높여 가며 관찰하기를 포기했다는 사실을 선언하는 말이다. 정답을 추구하는 것을 멈추고 상황을 이해할 수 있는 답을 찾으려 할 때 "어려워", "분발할게"라는 말은 나오지 않는다.

정답지상주의를 멈추기란 좀처럼 실현하기 어렵다. 아들이 다니는 학원에서 상담하던 중 나 또한 정답지상주의에 흠뻑 빠져 있다는 사실을 깨달았다. 아들은 『드래곤 사쿠라』의 편집을 하던 무렵 알게 된 작가 다카하마 마사노부高濱正伸 씨가 운영하는 '하나마루 학습학원'에 다닌다. 그곳에서 초등학교 2학년생인 둘째의 작문을 지도하는 방법에 관한 설명을 들으며 "아이가 한자나 구두점을 비롯해 잘못된 언어를 사용하더라도 지적하지 말아 주세요"라는 말을 들었다. 왜냐하면 작문에서 중요한 것은 올바른 언어 사용이 아니라 '자신의 감정'을 전하는 것이기 때문이다.

잘못을 내버려 두면 좋지 않다고 생각할지 모른다. 하지만 언어 사용의 잘못은 본질적인 잘못이 아니다. 부모로서 실수를 지적하는 일은 간단하다. 그러나 언어 사용의 잘못은 어떤 아이든 어느 정도의 나이가 되면 스스로 고칠 수 있다. 2학년 때의 실수를 그대로 가진 채 어른이 되는 아이는 없다. 반면 부모가 잘못을 세세히 지적하면 아이는 잘못이 없는 작문 쓰기를 우선하게 된다. 잘못이 없는 작문 쓰기를 목적으로 삼은 아이들이 글에서 감정을 펼쳐 보이기란 힘들다. 그렇기에 세세한 잘못을 지적하지 말고 작문에 쓰인 아이의 감정에 관해 감상을 전해야 한다는 말이었다. 나는 내가 얼마나 정답지상주의에 빠져 있었는지 실감했다. 전에는 만약 잘못을 저지르는 사람이 있다면 그것을 지적하는 것이 '친절'하다고 생각했다. 하지만 그것은 정답지상주의에 빠진 친절이었다. 애매모호한 세상 속에 있으면 잘못은 신경도 쓰이지 않는다. 그리고 그 잘못을 대부분 본인이 깨닫는다. 그때 스스로 고치면 된다. 타자가 관여할 필요는 없다.

'하는 것'과 '있는 것'

정답지상주의에 빠져 있으면 '하는 것'에 사로잡힌다. 무엇을 하면 좋을까, 어떻게 하면 좋을까, 이에 대해서만 계속 생각한다. 나는 무엇을 하고 싶은가? 그런 자문자답을 반복한다. '하는 것'을 축적함으로써 꿈을 실현하고 싶다고 생각한다. 휴일에까지도 '뭘 할까?'라고 생각한다. 우리는 '하는 것'만을 생각하며 산다. '하는 것'에는 '하기 전'과 '한 후'가 있다. 시작과 끝으로 구별할 수 있으며, '한 것'은 관찰하기 쉽다. '한 것'이 정답인지 아닌지 판단할 수 있다.

모호함을 받아들이는 것은 하는 것에 주목하지 않는 행위다. 하는 것은 '있는 것'의 결과에 지나지 않는다. '어떻게 있는지'를 관찰하고 '있는 방식'에 관해 생각해야 한다. 이전에 나는 육아는 물론 작가 육성에서도 내가 그들에게 무엇을 해야 하는지만 생각했다. '하는 것'으로 상대방에게 영향을 끼쳤다. 그렇기에 잘못을 저지르면 그것을 지적하는 일은 지극히 당연한 행위였다. 더군다나 나 자신도 내가 하는 행동이 올바르다고 믿어 버렸다. 그와 동시에 상대방에게 영향을 끼치는 행동을 한다는 것은 상대방에게 지금 이대로는 안 된다, 변화하는 편이 좋다는 점을 전할 수는 있어도 상대방을 신뢰하지 못한다는 말도 되었다. 상대방을 신뢰하면 상대방에게 무언가를 할 필요가 없다. 무언가를 할 때는 선물을 통해 상대방이 그 당시에는 깨닫지 못하게 하는 게 상대방을 신뢰하는 행위라고 생각하게 됐다. 상대방을 위해 무엇을 할지, 무엇을 할 수 있을지가 아니라 상대방을 위해 어떻게 '있을지'를 생각한다. 있는 것에 대해 생각하다 보면 '있는 것' 안에는 시작도 끝도 없다는 사실을 깨닫는다. '있는 것'이라는 상태가 있을 뿐이다. 정답지상주의에 빠져 있으면 과거나 미래에 집착한다. 그러나 답을 내려놓고 모호함을 받아들이면 '지금'만 남는다. 그러면 자연스레 지금에 집중할 수 있다.

　나는 이 책을 쓰면서 내 사고가 여기까지 도달했다는 점에 남몰래 흥분했다. '모호함을 받아들이는 것', '있는 것', '지금에 집중하는 것', '목적을 손에서 내려놓는 것', 이것들은 내게 각각 별개의 개념이었다. 하지만 이 책을 쓰면서 이 네 가지가 밀접하게 연결되어 있고, 같은 대상을 다른 측면에서 묘사하는 것에 불과하다는 것을 깨달았다. 나는 무언가를 알게 된 것이 아니다. 깨달음, 새로운 물음의 입구에 섰을 뿐이다.

애매모호한 것을 관찰하려면 어떻게 하면 좋을까. 이 책을 쓰면서 계속 생각을 거듭해 여기까지 도달한 점에 꽤 큰 충족감을 느낀다. 지금까지 세 권의 책을 썼지만, 책을 쓰면서 나 자신을 더욱 좋아하게 된 것은 처음 겪는 일이다. 슬슬 이 책을 마무리 지어도 좋다고 생각하지만, 독자 대부분은 내용이 발칙해 따라오기 힘들었을 것 같다. 하지만 책이란 원래 그런 것이다. 말에 얹힌 감정은 숯불처럼 천천히 열기를 축적한다. 받아들인 사람 안에서 시간차를 두고 감정은 전이해 나간다. 구체적으로 만들어 알기 쉽게 설명하고자 시도할 필요는 없을지도 모른다. 그렇기는 해도 모호함을 받아들이는 것이 서로를 알지 못하는 상태를 포기하는 것을 의미하지는 않는다. 서로를 알고자 항상 시도하면서, 그런 가운데 애매모호함을 받아들여야 한다. 그렇기에 다시 한번 '모호함을 받아들이는 것'에 대해 고쳐 말해 보고자 한다.

모호함의 4사분면

내가 모호함을 생각할 때 도움을 준 이는 커뮤니케이션 연구자인 와카신 유준이었다. 와카신이 생각한 모호함의 4사분면을 사용해 설명해 보자.

'모호함'과 '절대'를 가로축에 두고 '창조'와 '모방'을 세로축에 둔다. '모호함×모방'은 제1사분면, '절대×모방'은 제2사분면, '절대×창조'는 제3사분면, '모호함×창조'는 제4사분면이다.

제1사분면 '모호함×모방'과

제2사분면 '절대×모방'

우선 제1사분면의 '모호함×모방'에 대해 알아보자. 모든 배움은 여기에서 시작한다. 어떤 것이든 우선 여기부터다. 모호함을 받아들인 것이 아니라, 아직 분화되지 않은 상태다. 아무것도 알지 못해 애매모호한 상태다. 이 상태를 벗어나려면 모방이 효과적이다. 많이 따라 하고 틀을 몸에 익힌다. 틀이란 절대, 무조건이기에 생각하지 않고 우선 몸에 익힌다. 무의식의 상태에서도 할 수 있을 정도로 익히는 것이 가장 좋다. 학교 교과서에는 '무조건'이 실려 있다. 몇 번이고 반복해 배우고 암기해야 한다. 여기에서의 관찰 대상은 '보이는 것'이다. 과학은 제1사분면에서 제2사분면으로 이행하려는 시도다. 절대이자 모방할 수 있는 것은 재현할 수 있다. 제2사분면에서 노력할 때는 논리적이면서 재현 가능한 것이 좋다고 여겨진다. 이 제1사분면, 제2사분면은 자본주의와 상성이 좋다. 돈이란 수치로 측정할 수 있는 절대다. 돈으로 교환 가능한지가 중요하다. 이 두 사분면에서는 누가 '대단'한지 곧장 알 수 있다. '절대'를 몸에 익히고 있는지는 시험으로 측정할 수 있다. 많이 행동하여 경험을 축적하면 축적할수록 성장이 빨라진다. 축적할 수 있으므로 성장이라는 개념이 확실히 다가온다. 제1사분면에서 제2사분면으로 이행할 때는 많이 암기해야 하고 시험을 치러야 한다. 그래야 선행자는 나중에 오는 사람을 가르칠 수 있다.

제5장　애매모호함을 추구하자

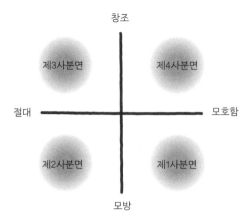

완성되었는지, 얼마나 아는지를 채점할 수도 있다. 압도적으로 정답지상주의의 가치관이기도 하다.

　제2사분면의 상징은 애플, 도요타, 유니클로, 맥도날드, 코카콜라 같은 기업이다. 위대하다고 여겨지는 이들 기업은 아이폰, 프리우스, 플리스 등 기준이 된 상품을 만들어냈다. 이것은 재현해 생산할 수 있다. 모방 가능한 표준화된 기준을 만드는 회사가 제2사분면에서 활약한다. 올림픽도 제2사분면의 선두를 정하는 제전이다. 금메달이 선두라는 점은 알기 쉽다. 시간이나 득점으로 승부가 정해지니까. 스포츠처럼 승부를 확실히 알 수 있는 세계, 규칙이 명확하게 존재하는 것은 제2사분면의 세계관이다. 또한 제2사분면은 '하는 것'이 목적이다. 무엇을 어떻게 하면 좋은지 안내하는 자기계발서는 제2사분면에서 도움이 된다.

이 2사분면에서는 절대를 향해 일직선으로 나아가는 편이 좋다. 따라서 고집이나 자신감은 무기가 된다. 이 2사분면에서 활약하기 위해서라면 편향은 중요한 무기인 셈이다. 속도감 있게 한눈팔지 않고 노력하고 싶을 때면 이렇게 납득할 수 있는 상태로 있고 싶다는 마음이 샘솟는다.

제3사분면 '절대×창조'와
제4사분면 '모호함×창조'

'창조'란 '새로운 것, 독창성이 있는 것을 만드는 것'이라고 사전에 정의되어 있다. 새로운 것이란 무엇일까? 지금은 그야말로 물건과 개념이 넘치고, 모든 것이 무언가의 업데이트이며 진정으로 새로운 것을 찾기 어려운 시대다. 나는 개별 사람의 '감정', '실감'이 들어간 것이 '창조적'이라고 생각한다. 즉 '창조'란 일부 사람의 특권이 아니라, 모든 사람이 할 수 있다. '감정'이라는 보이지 않는 것을 관찰할 수 있으면 창조적일 수 있다.

제5장   애매모호함을 추구하자

제1사분면에서 제2사분면으로 갈 때 필요한 것은 암기다. 틀을 몸에 익히는 것이다. 한편 제2사분면에서 제3사분면으로 갈 때 필요한 것은 '감정', '편향'에 대한 이해와 활용이다. '절대'를 떠나서 다양한 가치관을 받아들이려면 편향, 감정을 사용해 무의식적 판단을 멈춰야만 한다. 판단을 유보하고 있는 그대로 관찰하고자 시도해야 한다. 여기에는 '성장'이란 개념이 없다. 지난번에 했던 것과 이번에 한 것이 어떻게 이어지는지, 그런 것은 누구도 알 수 없다. 자신이 무엇을 하는지 납득이 가는 상태를 미리 추구할 수도 없다. 어떤 결과가 나올지 자신도 모르기 때문에 하는 것이다. 일기일회의 사고방식이 우선시되며, 우연한 만남이 중시된다. 제3사분면의 세계관에 있으면 인생은 여행일 테다. 한편 제1사분면, 제2사분면이라면 인생은 주사위 놀이다.

중요한 것은 '하는 것'이 아니라 '있는 것'이다. 지금 사회 전체가 웰빙을 목표로 삼고 있지만, 그것은 제3사분면과 제4사분면의 영역을 늘리고 싶다고 생각한다는 의미다. 제1사분면, 제2사분면이 없어지는 것이 아니다. 제3사분면이나 제4사분면이 없으면 괴로울 것이라고 누구나 직감적으로 느끼고 변화를 바란다. 자본주의의 한계라는 말을 하곤 하지만, 그것은 제1사분면과 제2사분면만으로 세상을 이해하는 데서 오는 한계를 의미한다. 돈이라는 '절대'에 사로잡혀 있으면 교환이 중요해지며 가성비를 의식하게 된다. 거기에서 벗어나면 '별풍선'이나 크라우드펀딩처럼 돈과 무엇을 교환하는지 애매모호한 행위를 취하게 된다. 응원금이나 기부가 늘어난 것도 이 제3사분면의 세계관이 퍼지고 있다는 사실의 증거다.

여기에서 내가 주목하는 것은 '느슨한 스포츠'다. 광고 대행사의 크리에이터 사와다 도모히로澤田智洋가 자신의 아이가 장애아였기에 시작하게 된 활동이다. 스포츠는 엄격한 규칙 아래 누가 강한지를 경쟁하는 것이었다. 그것을 '몸을 써서 어떻게 놀까'의 개념으로 전환한 것이 느슨한 스포츠다. 느슨한 스포츠에서는 승패가 중요하지 않다. 이기지 않아도 몸을 써서 감정을 많이 일으키며 즐겼다면 그것으로 충분하다. 규칙은 확실히 있지만, 승패는 갈리지 않는다. 그야말로 지금 시대에 어울리는 놀이다. 우열은 가리지 않고, 각각의 사람이 각각의 방식으로 즐긴다.

이제부터는 엔터테인먼트의 시대, 감정의 시대라고들 한다. 게임이나 영화를 만드는 엔터테인먼트 기업이 세계적인 기업이 된다. 디즈니, 넷플릭스, 소니 등은 이제 더

욱 존재감을 늘리게 되리라. 제3사분면의 엔터테인먼트는 감정을 움직이는 것이 중요하다. 히라노 게이치로가 『'멋지다'란 무엇인가』「カッコいい」とは何か에서 지적한 바와 같이, 많은 사람은 자신의 감정 변화를 그다지 의식하지 않는다. 그래서 '울었다', '소름이 돋았다' 같은 알기 쉬운 감상이 중시된다. 영화 포스터든 책의 띠지든, '울었다', '반전에 놀랐다'는 점을 전하는 광고 문구가 지금도 넘쳐난다.

　　나아가 엔터테인먼트에 특화하여 제3사분면을 설명하면, 이 사분면에서는 작가가 자신의 '아는 것'을 표현한다. 친구가 죽으면 슬프다, 꿈을 이루면 기쁘다, 하는 식으로. 또한 제2사분면의 세계를 논리가 아니라 감정으로 표현한 작품이 좋은 작품으로 여겨진다. '절대'의 부분은 제2사분면과 공명하고 있기에 당연하다면 당연한 이야기다. 작가가 인터뷰에서 "작품을 접한 이를 행복하게 만들고 싶다"라고 말하는 일도 많은 것처럼 엔터테인먼트에는 목적이 있을 때가 많다.

　　솔직히 제3사분면, 제4사분면에 대해서는 아직 나도 그렇게 많은 것을 깨우치지 못했다. 이 두 사분면을 이해하려면 관찰력이 필요하다고 느꼈기에 이 책을 쓰고자 마음먹었다. 따라서 이런 것 아닐까, 하는 추측밖에 할 수 없다.

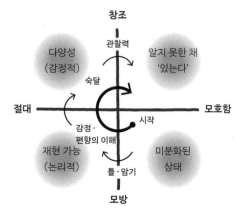

제4사분면에 대해서는 어떤 사회인지, 어떤 사람의 행동이 되는지, 하는 구체적인 부분은 아직 생각하기 어렵다. 다만 본질을 파악한 예술은 이 제4사분면에 속한다고 생각한다. 그래서 나는 제4사분면에 있는 작품을 이야기하고자 한다. 이 사분면에 있는 작품은 감정을 그리면서도 모호한 채로 남아 있다. 그리는 법이나 표현 방법이 틀을 파괴할 때도 있으며, 표현은 틀을 따르지만 그리는 주제가 모호할 때도 있다. 작품에 목적은 없다. 여백이 있으며 다양하게 해석할 수 있다. 많은 신인 작품은 전달 방식이 어중간하지만 제4사분면의 작품은 명확하다. 제대로 전해지지만, 전해지는 내용 자체가 모호한 것뿐이다.

알지 못하는 것, 모호한 것을
그대로 전한다

나는 어떤 편집자가 되고 싶은가. 대히트작을 낸 편집자? 전 세계에서 읽히는 작품을 낸 편집자? 결과적으로 그렇게 된다면 기쁠 테지만, 요즘에는 그것 자체가 내 목적은 아니다. '알지 못하는 것을 알지 못하는 채로' 전하는 작품을 편집하고 싶다.

사람은 자신도 제대로 다루지 못하는 '알지 못함'을 품은 채 살아간다. 이 '알지 못함'을 없는 것으로 치고 현실적으로 살며 행복을 추구할 수도 있다. 하지만 그 '알지 못함'을 끝까지 맛보는 것이야말로 제대로 사는 방식이다. 그리고 과학, 경제, 종교, 철학을 포함하여 사람이 행하는 많은 탐구는 그 알지 못함을 각각의 방법으로 해명하려는 시도다.

그렇다고는 해도 예술은, 특히 문학은 '알지 못하는 것'을 '알지 못한 채' 그리며 '알지 못함'을 품은 사람에게 다가간다. 문학은 본질적으로 등장인물의 갈등 체험이 그대로 독자에게 전이된다. 나는 항상 인생이 한 번뿐이고 자신의 시각으로밖에 인생을 맛보지 못하는 것을 안타깝게 생각하는데, 인생의 일회성에 저항하는 행위가 문학을 맛보는 행위다. 그리고 그것을 독자로서 맛보는 것보다 작가와 함께 시행착오를 거치며 맛보는 편이 보다 깊게 이해할 수 있다고 믿는다.

우리는 어디에서 왔을까? 그리고 어디로 향할까? 중학생 시절 남아프리카공화국에 있을 때 할아버지가 돌아가셨다. 돌아가신 얼굴을 보지 못했고 장례식에도 가지 못한 나는 할아버지와 오랫동안 만나지 못하고 있을 뿐이라고만 느낀다. 남아프리카공화국에서 일본어 선생이 어떤 사건에 휘말려 살해당한 적도 있는데 그녀는 그저 예정보다 빨리 일본에 돌아간 것이고, 우리에게 인사를 건네지 않았을 뿐이라고 생각하기도 한다.

죽음이란 무엇일까? 왜 이 사람은 나와 함께 있고자 할까? 그런 단순한 물음이라면 나름대로 답을 찾을 수 있다. 즐거우니까, 일이니까, 어쩔 수 없으니까 등등 다양한 이유를 찾을 수도 있다. 하지만 그런 물음에 답하지 않는다. 대신 모호함을 품은 채 계속 마주하며 관찰한다. 그리고 관찰한 것을 완전히 알지 못하고 모호함을 품은 이야기로 만든다. 이야기의 틀 자체는 모호하지 않다. 어떤 주인공이 어떤 과제에 맞서는지, 줄거리도 명확하고 이해하기 어려운 부분도 없다. 하지만 답을 알 수 없는, 모호한 질문을 던지며, 앞으로 나아갈 용기를 살짝 곁들인다.

좋은 이야기는 답을 알 수 없는 질문을 품고 사는 인물을 그린다. 이것이야말로 인간의 본질을 그리는 작품이다. 좋은 이야기에는 반드시 캐릭터가 있다. 나는 그런 인물이 등장하는 작품을 접하며 나이를 먹어 왔다. 그렇기에 내가 그렇게 받아들인 것을 계승하고 싶다. 자본주의 사회 속에서 작품은 교환 가능한 것, 평가받는 것으로 계속 만들어진다. 그 틀 바깥에 있는 작품을 만들면서, 동시에 이 사회 속에서 안정된 생활을 쌓으려면 어떻게 하면 될까. 제2사분면이 중심인 사회 속에서 제4사분면을 향하려고 할 때, 어디에 중심을 두면 좋을까. 이 같은 물음과 나는 마주하고 있다. 코르크를 창업하고, 약 10년의 세월 동안 내가 목표로 삼은 것이 무엇일까. 이제야 어렴풋이 말로 표현할 수 있게 됐다.

새로운 책을
읽거나 지식을
얻으면

흠
흠

이걸 모르고
살아 왔다니

하며 분해 하거나

지금이라도 알게
돼서 다행이야.

그걸 모른 채
죽는 사람도
있다고 생각하며

나는 「아는
인간」이라고
황홀해하는 순간

퍽

등 뒤에서
가격당한다.

「아는 척하지 마」
라는 악마다.

으윽

고오오오

관찰은 사랑이다

좋은 관찰을 하려면 편향을 의식해야만 한다는 둥 지금까지 많은 이야기를 했다. 하지만 마지막에 관찰에서 가장 중요한 점을 깨달았다. 그것은 사랑이다. 대상에 대한 사랑이 없으면 좋은 관찰을 할 수 없다. 사랑만 있다면 시간이 좀 걸릴지는 모르지만 좋은 관찰을 할 수 있다. 그리고 좋은 관찰을 하면 사랑이 보다 깊어진다. 대상을 판단하지 않고 관찰을 계속하려면 시간이 걸린다. 판단을 내리지 않으므로 끝이 없다. 곧장 판단을 내리고, 행동하고, 변화를 재촉하고 싶어져도 참는다. 그것이 상대에게 깊은 신뢰가 뒷받침된 사랑이다.

아이의 행동을 보고 우리는 아이의 장래를 판단하지 않는다. 아직 많은 가능성이 있다고 생각하며 판단을 중지

: 정답을 내려놓고 판단을 유보한다

하고 관찰한다. 사랑의 시선으로 아이를 바라보기 때문이다. 좋은 관찰은 '하는 것'이 아니라 '있는 것'을 본다. '하는 것'은 결과가 나온다. 결과로 판단할 수 있다. 그렇기에 정성스러운 관찰이 필요하지 않다. '있는 것'이라는 모호한 상태를 관찰하려면 압도적인 시간을 함께 보내야만 한다. 그리고 그 시간 속에서 아무것도 '하지 않고' 관찰을 해야만 한다. 즉 한가하고 지루한 시간을 보내지 않으면 모호한 '있는 것'을 관찰하는 데 도달할 수 없다. '있는 것'을 관찰한다는 것은 애매모호한, 계속해서 흔들리는 그 사람의 관계성을 관찰한다는 말이다. 즉 무한으로 펼쳐지는 '무엇일까' 하는 물음에서 비롯된 관찰이다. 그 사람이 보는 무언가를 관찰하는 행위. 중심은 '비어 있고', 그 주변을 관찰하는 것이 애매모호한 것을 관찰하는 것이다.

대학교 시 수업에서 강사가 문득 우리에게 던진 물음이 머릿속에 불현듯 떠오른다. "너희는 죽는 것이 무섭지? 그런데 왜 빠져들고 싶어 하는 거야? 하나에 몰입하다 보면 단번에 죽음이 찾아와. 무료하게 살면 생을 잔뜩 즐길 수 있어." 지루한 편이 인생을 제대로 맛볼 수 있다니. 그것은 내 사고에서 벗어난 말이었다.

정신없는 삶에서
한가하고 무료한 인생으로

나는 코르크를 창업한 후 계속 정신없이 일했다. 스케줄은 아침부터 밤까지 가득 차 있었다. 즉 내 수첩에는 '하는 것'으로 가득 차 있었다. '하는 것'으로 가득 채우고 무언가를 하면 불안을 느낄 여유도 없다.

내가 후쿠오카로 이주한 이유는 '하는 것'에서 멀어지기 위해서다. 도회지에는 '하는 것'이 넘쳐난다. 내가 '모호한 것을 모호하게 전하는' 작품을 만드는 편집자가 되기 위해서는 '있는 것'을 관찰할 수 있어야만 한다. 그리고 한가하고 무료한 시간을 확보하지 않으면 나의 관찰은 시작되지 않는다. 과거에 나는 끊임없이 열중할 대상을 찾았지만, 지금은 무료한 시간을 확보하고자 노력한다. 정말로 창조적이 되기 위해 필요한 것은 분주함이 아니라 무료함이라고 지금은 생각한다. 후쿠오카의 자연 속에서 나는 무료한 시간을 보내고 있다. 그리고 무료한 시간을 보낼 때 필요한 것은 인내심이 아니라 사랑이다.

앞서 창작에는 관찰력이 필요하다고 말했다. 일류 창

작자는 모두 관찰력을 가지고 있다고 적었다. 사랑하는 대상을 관찰하고, 관찰한 것을 표현한다. 즉 사랑하는 것을 어떻게 사랑하는지 표현한다. 관찰력이 있는 표현이란 사랑으로 넘치는 표현이다. 말을 바꿔 보자. 일류 창작자는 사랑으로 넘친다.

자, 슬슬 펜을 놓을까 한다. 나부터가 이 책을 통해 관찰력에 관한 좋은 관찰을 한 듯한 느낌이다. 1장에서 좋은 관찰은 '물음과 가설의 무한 반복'을 만들어 낸다고 적었다. 지금, 내 머릿속에서 "사랑이란 뭐지? 어떻게 하면 내 안에서 상대에 대한 사랑이 넘치게 할 수 있지?"라는 새로운 물음이 만들어지고 있다. 나는 마흔이 넘어서까지 사랑을 모른 채로 사람을 사랑하려고 했다는 말이다. 이게 도대체 가당키나 한 일인가. 지금까지 수년간 '관찰'이 무엇인지 생각한 것처럼 나는 이제 '사랑'에 대해 생각하리라. 그리고 그 후에는 아마도 '사랑'을 이해하기 위해 능동과 피동의 중간에 위치하는 중동태中動態에 대해 생각하게 될 것 같은 예감이 든다.

아, 인생이란 어찌 이렇게 물음으로 넘치며, 이리도 즐거운 것일까.

나오며

지금까지 관찰을 둘러싼 여행을 계속해 왔다. 마지막으로 변명이 될지도 모르지만(인정하자, 변명이 맞다) 이 책에 대한 내 마음을 적어 두고 싶다.

실제로 읽은 분은 아시겠지만, 이번 책은 언어 사용에 동요가 있다. 말의 정의도 애매모호하다. 제4사분면 같은 모호함이 아니라, 제1사분면 같은 모호함이다. 사상가의 문장을 읽으면 책 안에서 말의 정의가 확실하다. 그 정의를 독자가 자신의 지식으로 충분히 이해하게 되면 "무척이나 정밀하고 정교한 문장으로 쓰여 있구나!"라고 감동한다. 하지만 그 개념을 일정 시간 접했는데도 역치에 도달하지 못했을 때는 "왜인지 잘 안 읽히네", "읽기 괴로운 문장이야"라고 느끼고 만다. 사상가의 말은 그들의 세계관 속에서 정교하고 치밀하게 정의되어 있지만, 그 정의가 현실 사회와 접

점을 이루지 않기에 이해하기 어렵다. 사상가의 말은 디자이너의 힘을 빌리지 않고 엔지니어 혼자 만든 상품처럼 딱딱하고 접근하기 어려운 면이 있다.

　이 책을 쓰면서 불교와 그리스 철학의 깊이를 새삼 깨달았다. 불교와 그리스 철학은 내가 쓴 것보다 훨씬 더 정확하고 깊은 부분까지 도달해 있다. 그렇기에 정확한 개념에 도달하려면 불교와 그리스 철학 연구서를 읽는 편이 좋다. 그중에는 양서도 많다(이번 책을 쓰는 데 그 책들의 힘을 크게 빌렸다). 하지만 불교와 그리스 철학에 나온 표현은 물론 연구자의 표현도 지금 우리가 쓰는 말의 정의와는 조금 어긋나 있다. 그렇기에 나는 어떤 책을 읽더라도 '알겠다'라고 느껴지지 않았다. 이미 책으로 정리되어 나온, 이미 알려진 지식이지만 좀처럼 이해할 수 없었다. 그래서 나의 체험을 녹여 나 자신의 방식으로 관찰이란 무엇인가를 써 보고 싶었다. 나는 일류 창작자들의 곁에 있고, 그들의 관찰력을 관찰함으로써 관찰에 관해 이해해 왔다. 제대로 알지 못하고 사고하는 모습을 문장으로 만들어 보면 알지 못하는 사람도 읽기 쉬운 문장이 되지 않을까 하는 가설을 세웠다.

그 가설을 제대로 증명했는지는 나도 잘 모르겠다. 이 책은 관찰에 대한 새로운 지식을 갱신하지는 못했다. 편집자란 창작자와 세상을 잇는 일이다. 이 책도 관찰에 관한 과거의 사상과 현대를 잇고자 하는 한 편집자의 시도인 셈이다. 솔직히 말하면 원고를 고치며 읽는 도중 몇 번이고 멈췄다. 군데군데 말의 정의가 어설프거나 표현이 어긋날까 크게 신경 쓰였다. 편집자인 한 사람으로서 이대로 책을 내도 좋을까, 개선해서 세상에 선보이는 편이 좋지 않을까 몇 번이고 자문했다. 하지만 완벽하게 '안다'라는 상태는 존재하지 않으며, 한순간의 '알겠다'라는 현상에 대한 집착은 의미가 없다고 차츰 생각하게 됐다. 애매모호하게 아는 채, 제대로 알지 못한 채, 어떤 의미로는 되는대로 문장을 축적한 결과가 이 책이다. 이 어설픈 상태를 오히려 드러내어 "관찰이 무엇인지 생각하는 데 참고가 됐다"라는 사람이 나타나면 기쁠 것 같다. 그렇다면 불완전하다고 느끼면서도 책을 내길 잘했다고 생각하리라.

이 책을 보고 관찰에 관한 생각이 무르다거나 어쩐지 위화감이 남는다고 느낀 사람도 있을 것이다. 그것은 내가 미처 깨닫지 못한 점을 깨달았다는 것이므로 꼭 문장으로 남겨 주었으면 좋겠다. 의아한 감정을 있는 그대로 써 주었으면 한다. 나는 그것을 읽고 싶다. 소크라테스의 '무지의 지'는 자신의 지식 너머에 있는 광대하고 모호한 세계라는 존재를 인정하는 것이다. 이 책은 내가 이미 아는 내용으로 넘쳐난다. 책을 다 썼기에 이제 나는 그 너머로 상상을 펼칠 수 있다. 그 바깥의 존재를 깨닫게 해 주는 것은 독자의 반응 말고는 없다. 트위터든 블로그든 느낀 점을 일러 주면 기쁘겠다.

　이 책을 쓰는 도중에 지두 크리슈나무르티를 알게 됐다. 이 책을 쓰면서 그의 말을 몇 번이고 떠올렸다. "사람은 자기 자신을 이해하지 못하면 철저한 혁명을 일으킬 수 있는 진정한 가치관을 발견할 수 없습니다. 자기 인식은 지혜의 시작인 동시에 변혁과 신생新生의 시작입니다." 내게 사회에 혁명을 일으키고자 하는 마음은 없다. 하지만 마음속에서 혁명을 일으키고자 도전하고 있다. 관찰은 내 혁명을 위한 무기인 셈이다.

　책은 언제나 도착이 보증되지 않은 편지다. 이 책이 편지처럼 여러분의 마음에 도착해, 여러분이 나와 동시대의 사람이라면 서로 영향을 끼치고 화학반응을 일으킨다는 기쁨을 맛보기 위해 꼭 만나자. 창작자나 편집자가 되고자 하는 사람이라면 함께 작품을 만들자. 작품을 만드는 것에 흥미가 없는 사람이라면 코르크 랩이라는, 내가 주관하는 커뮤니티에서 서로 대화하자. 나는 동시대를 사는 기쁨이란 시간을 공유하는 것이라고 생각한다.

　이토록 많은 책이 존재하는 세상에서 이 한 권의 책으로 여러분과 만난다는 것이 얼마나 고마운 일인지 모른다. 책을 읽는 데 시간을 내주어 더없이 감사하다.

옮긴이의 말

우리는 모르는 것이 있으면 답을 찾으려 애쓴다. 답이 보이지 않는 상황은 우리에게 결코 편안하지 않은 상황이기 때문이다. 가설을 세우지 않고 물음을 던지지 않은 채 서둘러 눈앞의 현상만을 보고 무의식적으로 결론을 내리는 편이 마음 편하다. 인간의 뇌는 모르거나 불확실한 것을 견디기 어려워하기에 부족한 것을 찾아서 곧바로 행동하고 싶어 하며 모든 것에 임시로라도 답을 찾고 싶어 한다. 비록 그것이 자기 멋대로 일방적으로 만들어 낸 답이더라도 마찬가지다. 혹은 이때 스스로 적절한 답을 만들 수 없고 자신이 모르는 모호한 것이 남아 있을 때는 '전문가'를 찾는다. 그러고는 전문가는 '아는' 사람이므로 그들이 내놓은 답을 보고 안심한다.

하지만 어느 시대이건 현실에서는 그렇게 간단하게

답을 낼 수 있는 문제만 일어나진 않는다. 더욱이 지금은 변동성Volatility, 불확실성Uncertainty, 복잡성Complexity, 모호성Ambiguity의 약자인 VUCA(뷰카)라는 말로 표현되듯 혼돈으로 가득 찬 시대다. 코로나19, 기후 변화, 러시아의 우크라이나 침공 등 예상치 못했던 문제가 우리 사회의 모든 측면을 위협한다. 세상은 통제할 수 없을뿐더러 완전히 이해할 수조차 없다. 정보기술의 발전 덕에 지식을 얻기는 쉬워진 반면, 잘못된 정보나 선전 등 판단을 그르치게 하는 인지 편향에 휩싸이게 될 가능성은 커졌다. 다양한 요소와 인간이 서로 관여하며 만들어 가는 현실에는 관여된 인간의 수만큼 다양한 시점이 있다.

이때 제대로 멈춰 서서 관찰하지 않으면 나는 옳고 너는 그르다는 식의 양극화로 몰릴 수 있다. 하지만 세상은 그렇게 단편적으로 둘로 갈라놓을 수 없다. 세상만사는 복잡하고 자기 모순적이며 애매모호하다는 사실을 있는 그대로 받아들여야만 한다. 애매모호하고 잘 모르는 공간을 무언가로 채워 버리고 싶은 유혹에 저항하며 계속해서 관찰하다 보면 새로운 아이디어나 생각, 깨달음을 얻을 수 있다.

정답주의에 빠져 모든 것을 다 알고 있다고 생각하면

옮긴이의 말

더는 관찰을 통해 새로운 발견을 할 수 없다. 반면에 자신의 가설에 물음을 제기하고 새로운 관찰을 시도하는 사람은 통찰력에 도달할 수 있다. 무언가에 관해 더 많이 배우려면 그것에 대해 판단하는 것을 유예하는 데 중점을 두어야 한다.

한편, 저자가 말하는 관찰력은 영국의 낭만파 시인 존 키츠가 언급한 '소극적 수용력'Negative Capability이라는 개념과도 닮았다. 소극적 수용력이란 어떻게 해야 할지 알 수 없는 상황에서 사실이나 이성을 애써 추구하지 않고, 불확실하거나 신기하거나 의아한 상태를 견딜 수 있는 능력을 의미한다. 키츠는 삶 자체를 모순의 총체라고 보았고, 기본적으로 즐거움과 슬픔, 이상과 현실, 삶과 죽음, 영원과 순간처럼 상반되는 특성들이 떨어져 있는 것이 아니고 우리의 일상생활 속에 함께 융화되어 공존한다고 믿었다. 저자가 정동보다 혼합감정을 중시해야 한다거나, '아니면'(OR)보다는 '그리고'(AND)의 사상이 필요하다고 말하는 이유는 결국 우리가 기존에 가지고 있는 개념을 한 번씩 뒤집어 관찰하는 습관을 들여야 한다고 강조하는 것이라 볼 수 있다. 키츠가 쓴 네거티브Negative라는 얼핏 부정적으로 보이는 단어가 실은 정반대의 의미를 담고 있다는 점도 이에 시사하는 바가 있으리라.

얼마 전 한 박람회의 디지털 아트 부문에서 AI가 그린 작품이 1위를 차지하여 화제와 논란을 동시에 불러일으켰다. 이런 AI 작품은 알고리즘을 조합한 후 기존의 사람이 만든 작품을 짜깁기하여 만들어진다. 즉 AI는 모방의 달인이다. 하지만 AI가 그림은 흉내 낼 수 있더라도 그 안에 담긴 사상까지는 따라할 수 없다. 사상을 모방하는 것은 인간만이 할 수 있다. AI가 '절대'를 모방하며 새로운 것을 창조하는 제3사분면까지 도달한 시대, 이런 시대일수록 인간만이 할 수 있는 방식으로 관찰력을 길러 제4사분면의 모호한 현재를 살아갈 힘을 길러야 하지 않을까.

옮긴이의 말

관찰력 기르는 법
: 같은 것을 달리 보이게, 보이지 않는 것을 보이게

2023년 4월 4일   초판 1쇄 발행
2024년 10월 4일   초판 2쇄 발행

지은이   **옮긴이**
사도시마 요헤이   구수영

펴낸이	**펴낸곳**	**등록**	
조성웅	도서출판 유유	제406-2010-000032호 (2010년 4월 2일)	

주소
경기도 파주시 돌곶이길 180-38, 2층 (우편번호 10881)

전화	**팩스**	**홈페이지**	**전자우편**
070-7731-3155	0303-3444-4645	uupress.co.kr	uupress@gmail.com
	페이스북	**트위터**	**인스타그램**
	facebook.com	twitter.com	instagram.com
	/uupress	/uu_press	/uupress

편집	**디자인**	**조판**	**마케팅**
인수, 김은경	이기준	정은정	전민영

제작	**인쇄**	**제책**	**물류**
제이오	(주)민언프린텍	다온바인텍	책과일터

ISBN 979-11-6770-059-9 03190